15,80

Sporttherapeutische Praxis, Band 6

CHRISTINE HEIPERTZ-HENGST

W0229757

Reitsport
für Behinderte

mit 143 Fotos und 21 Abbildungen

Verlag Max Schmidt-Römhild, Lübeck ∗ gegr. 1579 ∗

Sporttherapeutische Praxis

Herausgegeben von Hans Knöller (Fachsportler für Behindertensport an der Werner-Wicker-Klinik, Bad Wildungen), Dr. Horst Kosel (Professor an der Sporthochschule Köln) und Dr. Friedrich-Wilhelm Meinecke (Chefarzt des Querschnittgelähmtenzentrums des Berufsgenossenschaftlichen Unfallkrankenhauses Hamburg).

© Verlag Max Schmidt-Römhild, Lübeck 1980

Umschlaggestaltung: Manfred Schulz, Strümp; Layout: Peter Kösling, Essen

Gesamtherstellung: Verlag Beleke KG, Essen
ISBN 3-7950-0069-6

3

Inhalt

4

Bildnachweis

Abbildungen

Heipertz: 1, 8, 9. 10 (Thieme Verlag), 11, 14, 15, 18, 19, 20, 21 (Thieme Verlag)
Franck Verlag: 2, 3, 4, 5, 6, 7, 12, 13, 16

Fotos

Mitschke: 1, 2, 3, 4, 5, 6, 7, 8, 9, 18, 19, 28, 29, 30, 31, 32, 33, 34, 38, 43, 44, 46, 47, 48, 49, 50, 51, 52, 53, 56, 57, 58, 59, 60, 61, 62, 65, 66, 67, 68, 69, 70, 71, 74, 75, 76, 77, 79, 82, 83, 84, 85, 86, 88, 89, 96, 97, 99, 100, 101, 104, 105, 106, 107, 108, 109, 110, 111, 112, 113, 114
Heipertz: 10, 11, 12, 13, 14, 15, 16, 17, 20, 21, 22, 25, 26, 27, 35, 36, 37, 39, 40, 41, 42, 45, 63, 64, 72, 73, 78, 80, 81, 87, 90, 91, 92, 93, 94, 95, 98, 102, 103, 122, 124, 125, 128, 129, 130, 131, 132, 133, 134, 135, 136, 137, 138, 139, 140, 141, 142, 143
Peyer/Stern: 23, 24
Körfer: 54, 55, 116, 117, 118, 119, 120
Kornett Verlag (Kalvakade): 121, 123, 127

Vorwort

„In der Tat ist Reiten für Behinderte ein wichtiges und wunderbares Instrument, ermutigend, belebend und anregend für Körper, Seele und Geist" treffender als es Lis Hartel, eine der bekanntesten und erfolgreichsten Dressurreiterinnen der Welt — aktive Sportlerin trotz und mit Behinderung — getan hat, kann man die Eignung des Reitens als Sport und Rehabilitationsmaßnahme für Behinderte kaum ausdrücken. Dieser Band der Reihe „Sporttherapeutische Praxis" will helfen, dafür Voraussetzungen zu schaffen; Hauptanliegen ist die Praxis, der Anstoß zur eigenen Aktivität. Theoretische Grundlagen und wissenschaftliches Rüstzeug können nur am Rande berücksichtigt werden.

Die Schrift wendet sich in erster Linie an den Behindertensportler selbst, um ihm eine der schönsten Sportarten zu erschließen. Er erhält erste Informationen über den Reitsport, die er dann im Reitunterricht und durch das Studium der klassischen Reitlehren zu erweitern vermag. Darüberhinaus sollen ihm Anregungen und Tips für seine speziellen Belange gegeben werden, über die er mit seinem Reitlehrer, Arzt oder deren Mitarbeitern sprechen und die er erproben mag.

Damit ist der weitere Leserkreis angesprochen; Reitlehrer und Helfer mögen der Schrift medizinische und pädagogische Hinweise entnehmen, die ihnen bei einer besonders lohnenden und dankbaren Aufgabe helfen sollen: Vermittler zu sein zwischen Pferd und Reiter, Ausbilder in einer für Behinderte besonders wertvollen und geeigneten Sportart, bei der der Reitschüler ihm als *„gesunde, aktive"* Person begegnet, lediglich beeinträchtigt durch seine Schädigung; und diese kann durch und mit der sportlichen Betätigung weitgehend kompensiert werden.

Auch andere im Umkreis der Behinderten, vor allem Ärzte, Krankengymnasten, Pädagogen, Psychologen, aber auch Familienangehörige und Freunde finden in diesem Band der „Sporttherapeutischen Praxis" Anregungen, die über die Sportart „Reiten" dem Behinderten neue Wege zu seiner Gesundheits- und Persönlichkeitsförderung weisen und damit zu seiner Rehabilitation und Integration beitragen können.

Angesichts der umfassenden Thematik muß das Buch so knapp und anschaulich wie möglich bleiben; das läßt Raffungen und Vereinfachungen in Kauf nehmen, die in einer Fortführung der Reihe vertieft und aufgefächert werden können.

CHRISTINE HEIPERTZ-HENGST   Frankfurt, im Oktober 1979

Dr. sportwiss. Christine Heipertz-Hengst ist Amateurreit- und Diplom-Sportlehrerin mit Sonderfachausbildung im Behindertensport und hat langjährige und vielseitige praktische Erfahrungen durch ihre Tätigkeit an verschiedenen Schultypen und Sonderschulen gesammelt. Der Forschung und Lehre auf dem Spezialgebiet widmete sie sich als wissenschaftliche Hilfskraft an der Deutschen Sporthochschule Köln und seit 1975 als Lehrbeauftragte des Fachbereichs Humanmedizin im Seminar für therapeutisches Reiten an der Orthopädischen Universitätsklinik der Johann Wolfgang Goethe-Universität, Frankfurt/M.

Einführung

Bemühungen um die Rehabilitation Behinderter verbinden sehr unterschiedliche Berufsgruppen und umfassen verschiedenartige Leistungen, die insgesamt darauf ausgerichtet sind, bei gesundheitlichen Schäden gleich welcher Herkunft das Funktionsniveau des Behinderten zu erweitern und die Voraussetzungen für eine möglichst weitgehende soziale Integration zu erreichen.

Soweit derartige Maßnahmen zum medizinischen Bereich gehören, werden sie als Therapie bezeichnet und sind mit relativ strengen Anforderungen an Indikationsstellung und Ergebniskontrolle verknüpft. Von ähnlich großer Bedeutung sind aber auch die pädagogischen Hilfen, die als Weg zur Selbstverwirklichung und zur gesellschaftlichen Teilhabe führen können, insbesondere wenn es gelingt Eigeninitiative, Leistungsfreude und Partnerschaft zu entwickeln.

Die Chance, die gerade der Reitsport für Behinderte eröffnet, sind in zahlreichen Beiträgen sowohl in der wissenschaftlichen Literatur als auch im reiterlichen Schrifttum aufzufinden. Es fehlt aber bisher an einer zusammenfassenden Darstellung, die sowohl therapeutische als auch pädagogische und psychosoziale Gesichtspunkte vereint.

Die Verfasserin hat als ebenso engagierte wie erfahrene Reitlehrerin eine Darstellung vorgelegt, die in allgemeinverständlicher Sprache alle Einzelheiten vermittelt, die zum erfolgreichen Aufbau von Reitangeboten für Behinderte erforderlich sind. Der Leser findet eine klare Beschreibung der Anforderungen, die an die Pferde und an deren Ausrüstung zu stellen sind. Er kann sich aber auch in einem kurzen Überblick über die verschiedenen Behinderungsgruppen orientieren. Der sorgfältig gegliederte Aufbau des Heftes zeigt alle notwendigen Schritte von den ersten Anfängen des Voltigierens bis hin zum selbständigen Einwirken auf das Pferd. Weiterführende Möglichkeiten des Fahrens, der Turniergestaltung, der Reiterspiele und des Reiterlagers bilden den Abschluß dieses anregenden und überzeugenden Bandes der „Sporttherapeutischen Praxis".

Prof. Dr. med. K.-A. Jochheim
Institut für Rehabilitation
und Behindertensport
Deutsche Sporthochschule Köln

8

Notizen

Über das Reiten

A.1 Reiten heute – eine traditionsreiche Sportart wird vorgestellt.

Das Pferd begleitet den Menschen seit den Anfängen seiner Geschichte; aus dem Jagdtier wurde das Haustier – ein Helfer, der dem Menschen als Träger von Lasten oder als Zugpferd vor dem Wagen diente. Erst viel später kam der Mensch auf den Gedanken, das Pferd auch als Reittier zu nutzen. So wie die Nutzung des Pferdes durch den Menschen seine Entwicklungsgeschichte bis zur Entstehung von bestimmten Rassen und Typen beeinflußte, hat auch das Pferd den Gang der Entwicklung historischer Ereignisse, der Technik und Kultur des Menschen mitbestimmt. Heute hat es seine ent-

scheidende Rolle im Bereich der Landwirtschaft, des Verkehrs und des Militärs verloren; die Partnerschaft zwischen Mensch und Pferd ist auf den Bereich des Sportes reduziert. Dort jedoch ist das Tätigkeitsfeld vielfältig; es reicht von der reinen Freizeitbetätigung, die auch geographische Typisierungen aufweisen kann, bis zu den Disziplinen des Hochleistungssports. Der Umgang mit dem Pferd stellt einen der letzten Zugänge zur freien Natur dar, und auch von daher ist die große Beliebtheit des Reitsports und das sprunghafte Anwachsen seiner Anhängerschaft zu erklären.

A.2 Gesundheitswert des Reitens

Die Lebensbedingungen unserer Zivilisation bergen Gefahren für die Gesundheit; sie liegen vor allem in Bewegungsarmut, nervlicher Überbelastung, falschen Eßgewohnheiten, Genußmittelmißbrauch sowie Umweltschäden. Dagegen steht die Forderung nach gesunder körperlicher und geistiger Tätigkeit zur Entwicklung und Entfaltung der Gesamtpersönlichkeit. Durch sportliche Tätigkeit werden dem gesamten Organismus physiologisch wertvolle Reize zugeführt, doch erschöpft sich der Sinn des Sportes nicht in Gesunderhaltung und Krankheitsvorsorge, sondern schließt Freude, Entspannung, Streßabbau und Abfuhr natürlicher Agressionen mit ein. Damit stellt Sport das geeignetste Mittel für die Verabfolgung von elementaren Funktions-, Entwicklungs- und Trainingsreizen zur Erlangung und Erhaltung körperlicher Fitness, Leistungsfähigkeit und allgemeinen Wohlbefindens dar. Auch der Reitsport hat sportmedizinisch nachweisbare positive Auswirkungen auf alle Organsysteme, auf den Stütz- und Bewegungsapparat ebenso wie auf das kardiopulmonale System; darüberhinaus wirkt sich die Betätigung auf und mit dem Pferd in psychischen, intellektuellen und emotionalen Dimensionen aus.

Warum eignet sich das Reiten als Sport für Behinderte?

① Es handelt sich nicht um eine Sonderform, sondern um die Modifizierung der regulären Disziplin.

② Es ist auch Schwerbehinderten zugänglich und vermag eine ausreichende Bewegungsmöglichkeit zu schaffen.

③ Es ist gut dosierbar und läßt sich den jeweiligen Behinderungsformen individuell anpassen.

④ Es bietet kompensatorische Trainingsaufgaben an, die Folge- und Sekundärschäden entgegenwirken.

⑤ Es vermag durch immanenten Aufforderungscharakter und Leistungsanreiz den Behinderten zu seiner persönlichen Höchstleistung anzuspornen.

⑥ Es beeinflußt die gesamte Persönlichkeit positiv und regt zur Eigeninitiative an.

⑦ Es bietet auch für die geschädigte Psyche spezielle Kompensationsmöglichkeiten.

⑧ Es bietet Möglichkeiten der Freizeitgestaltung und dient auch damit der sozialen Integration.

A.3 Eignung als Behindertensport

Aus diesem umfassenden Gesundheitswert des Reitens resultiert seine besondere Eignung als Sport für Behinderte; er wird hier zu einer Maßnahme der Rehabilitation. Dem Behinderten, der aufgrund seines Schadens häufig die körperliche Tätigkeit noch mehr als der nicht Behinderte entbehrt, drohen durch chronischen Bewegungsmangel zusätzliche Sekundärschäden, die in ihrer Folge die gesamte Persönlichkeit negativ beeinflussen. Eine Vielzahl typischer Bewegungserfahrungen und Umwelteindrücke ist gebunden an ausreichende Bewegungsfähigkeiten, und wenn diese eingeschränkt, verfälscht oder unmöglich gemacht werden, resultiert aus einer zunächst rein körperlich-motorischen Beeinträchtigung sekundär auch eine Retardierung der geistig-seelischen Entwicklung. Diese wirkt sich als Mehrfachschädigung aus und greift auf die Ebene des Sensorischen, Psychomotorischen, Kognitiven, der Intelligenz und der sozialen Verhaltensweisen über. Reiten vermag diesen Problemkreis durchbrechen zu helfen, zumal sich die organisatorischen und technischen Schwierigkeiten lösen lassen. Ein besonderes Augenmerk fällt dabei auf ein Spezifikum der Tätigkeit »Reiten«: Sie vollzieht sich in der Sitzform; das Pferd trägt den Reiter. Daraus resultieren positive Konsequenzen: Zunächst eine Senkung der Gesamtkörperbelastung mit Entlastung vieler Gelenkverbände; von dieser Basis ausgehend läßt sich eine dosierbare Belastung steigern bis zur Höchstbelastung. Die typische Form des Spreizsitzes hat günstige Auswirkungen auf die gesamte Körperbelastung, auf Reflex –

und Tonusregulierung. Diese Wirkungszusammenhänge werden z.B. in der Hippotherapie systematisch genutzt.

Dem Behinderten sind alle Disziplinen des Reitsports durch die Möglichkeit der methodischen Differenzierung und Modifizierung zugänglich, ohne daß daraus eine Sonderform entsteht. Grundlage des Behindertenreitens ist vielmehr die weiterentwickelte klassische Reitlehre.

Die finanziellen und versicherungstechnischen Regelungen entsprechen denen des Behindertensportes bzw. des persönlichen Freizeitsports. Auf die Notwendigkeit ärztlicher Voruntersuchung und Betreuung sei jedoch ausdrücklich hingewiesen!

Ebenso deutlich ist die sachliche Trennung von Therapie, Heilpädagogik und Sport beim Reiten Behinderter zu sehen: Abbildung 1 soll die Eigenständigkeit der Fachbereiche veranschaulichen, wenn sie auch gewisse inhaltliche Überschneidungen ermöglichen.

Das vorliegende Buch gibt zwar dem Reitlehrer gelegentlich Hinweise für seine Mitarbeit im Team der benachbarten Sparten; das Thema dieses Buches jedoch ist der Reit*sport!*

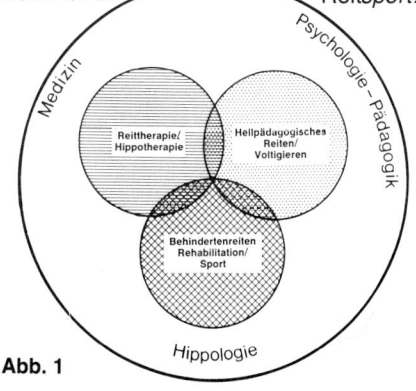

Abb. 1

12

Notizen

Zum Pferd und zur Ausrüstung

B.1 Das Pferd: Eignung, Charakter, Körperbau, Bewegung

Wichtigste Voraussetzung für ein Pferd, das im Reiten Behinderter eingesetzt werden soll, ist seine charakterliche Eignung: Es soll gutwillig und leistungsbereit sein, zugänglich, kontaktfreudig, sensibel (jedoch nicht empfindlich!) und von ausgeglichenem Temperament. Körperlich muß es bestimmte Voraussetzungen erfüllen, da sein Extérieur und Fundament die Qualität seiner Bewegung und des Sitzens zu Pferde bestimmen. Wünschenswert ist eine mittlere Größe, wichtig ein gut bemuskelter schwingender Rücken. Die Gänge sollten taktmäßig, raumgreifend, fleißig und geschmeidig sein, dabei gut auszusitzen. Diese Merkmale hängen jeweils vom einzelnen Pferd und nicht etwa von einer bestimmten Rasse ab!

Der *Reitlehrer* braucht als hippologischer Fachmann im Team für den Einsatz des Pferdes in Therapie, Pädagogik und Sport (vgl. Abb. 1) vertiefte Kenntnisse über Anatomie, Mechanik und Bewegungsablauf des Pferdes, weil er nur so die funktionalen Zusammenhänge überschauen kann, die das Pferd als »lebendes Gerät« verfügbar machen.

Der *Reitschüler* braucht Grundwissen über die biologischen Merkmale des Pferdes, ergänzt von praktischen Fertigkeiten für Haltung, Fütterung und Pflege, weil daraus das entsprechende Verständnis für das ihm anvertraute Lebewesen erwächst; sie sind neben theoretischen Kenntnissen Voraussetzung zum Erfolg beim Reitenlernen.

Beiden sei deshalb das Studium der Fachliteratur ans Herz gelegt; hier kann nur kurz auf Wesentliches eingegangen werden:

Vorhand **Äußere Körperteile des Pferdes** Hinterhand

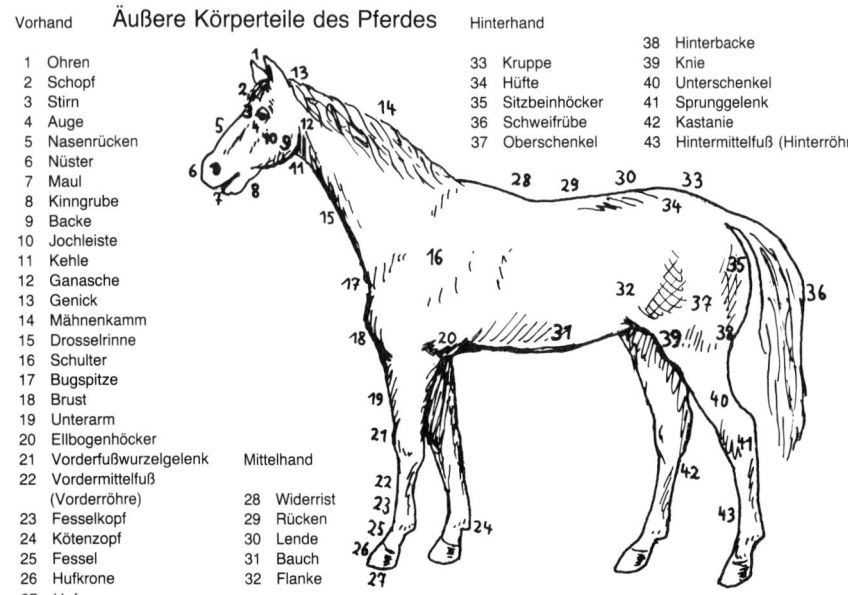

Vorhand		Mittelhand		Hinterhand		
1	Ohren			33	Kruppe	38 Hinterbacke
2	Schopf			34	Hüfte	39 Knie
3	Stirn			35	Sitzbeinhöcker	40 Unterschenkel
4	Auge			36	Schweifrübe	41 Sprunggelenk
5	Nasenrücken			37	Oberschenkel	42 Kastanie
6	Nüster					43 Hintermittelfuß (Hinterröhre)
7	Maul					
8	Kinngrube					
9	Backe					
10	Jochleiste					
11	Kehle					
12	Ganasche					
13	Genick					
14	Mähnenkamm					
15	Drosselrinne					
16	Schulter					
17	Bugspitze					
18	Brust					
19	Unterarm					
20	Ellbogenhöcker					
21	Vorderfußwurzelgelenk	Mittelhand				
22	Vordermittelfuß					
	(Vorderröhre)	28	Widerrist			
23	Fesselkopf	29	Rücken			
24	Kötenzopf	30	Lende			
25	Fessel	31	Bauch			
26	Hufkrone	32	Flanke			
27	Huf					

Knochengerüst

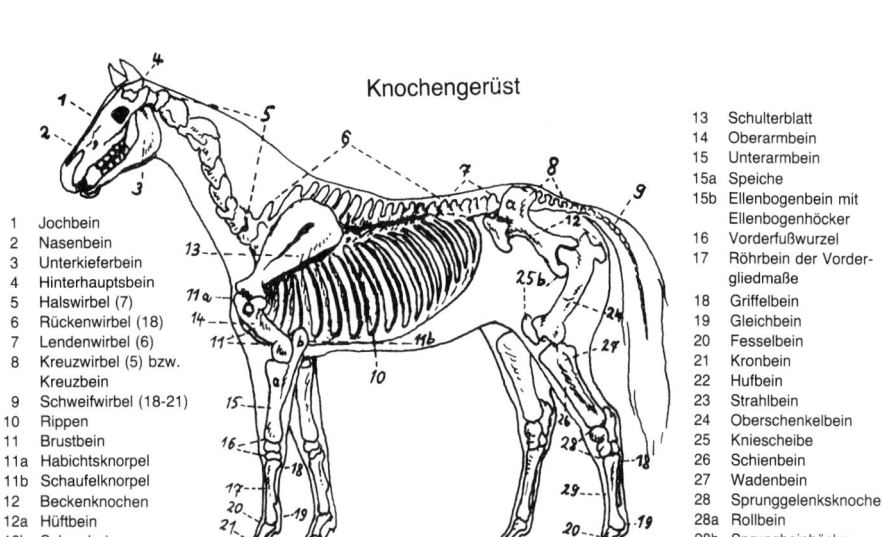

1	Jochbein	13	Schulterblatt
2	Nasenbein	14	Oberarmbein
3	Unterkieferbein	15	Unterarmbein
4	Hinterhauptsbein	15a	Speiche
5	Halswirbel (7)	15b	Ellenbogenbein mit
6	Rückenwirbel (18)		Ellenbogenhöcker
7	Lendenwirbel (6)	16	Vorderfußwurzel
8	Kreuzwirbel (5) bzw.	17	Röhrbein der Vorder-
	Kreuzbein		gliedmaße
9	Schweifwirbel (18-21)	18	Griffelbein
10	Rippen	19	Gleichbein
11	Brustbein	20	Fesselbein
11a	Habichtsknorpel	21	Kronbein
11b	Schaufelknorpel	22	Hufbein
12	Beckenknochen	23	Strahlbein
12a	Hüftbein	24	Oberschenkelbein
12b	Schambein	25	Kniescheibe
12c	Sitzbein mit Sitzbein-	26	Schienbein
	höcker	27	Wadenbein
		28	Sprunggelenksknochen
		28a	Rollbein
		28b	Sprungbeinhöcker
		29	Röhrbein der
			Hintergliedmaße

Muskeln

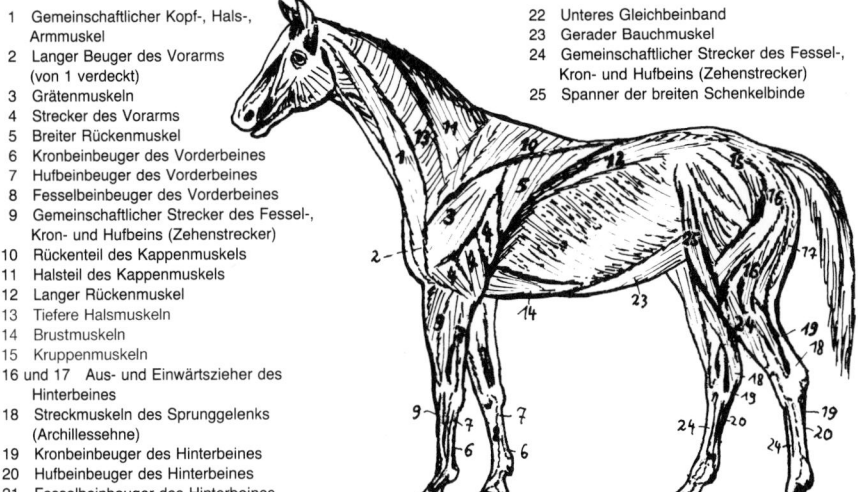

1 Gemeinschaftlicher Kopf-, Hals-, Armmuskel
2 Langer Beuger des Vorarms (von 1 verdeckt)
3 Grätenmuskeln
4 Strecker des Vorarms
5 Breiter Rückenmuskel
6 Kronbeinbeuger des Vorderbeines
7 Hufbeinbeuger des Vorderbeines
8 Fesselbeinbeuger des Vorderbeines
9 Gemeinschaftlicher Strecker des Fessel-, Kron- und Hufbeins (Zehenstrecker)
10 Rückenteil des Kappenmuskels
11 Halsteil des Kappenmuskels
12 Langer Rückenmuskel
13 Tiefere Halsmuskeln
14 Brustmuskeln
15 Kruppenmuskeln
16 und 17 Aus- und Einwärtszieher des Hinterbeines
18 Streckmuskeln des Sprunggelenks (Archillessehne)
19 Kronbeinbeuger des Hinterbeines
20 Hufbeinbeuger des Hinterbeines
21 Fesselbeinbeuger des Hinterbeines (oberes Gleichbeinband)

22 Unteres Gleichbeinband
23 Gerader Bauchmuskel
24 Gemeinschaftlicher Strecker des Fessel-, Kron- und Hufbeins (Zehenstrecker)
25 Spanner der breiten Schenkelbinde

● *Körperbau:*
1. äußere Körperteile des Pferdes (Abb. 2); 2. Skelett (Abb. 3); 3. Muskulatur (Abb. 4).

● *Gangarten:*
① Der Schritt ist eine schreitende Vorwärtsbewegung im Viertakt; die Fußfolge ist diagonal nacheinander; als Tempo wird unterschieden: Versammelter Schritt, Mittelschritt, starker Schritt (Abb. 5).
② Der Trab ist eine schwungvolle Vorwärtsbewegung mit freier Schwebe im Zweitakt; die Fußfolge ist diagonal gleichzeitig; als Tempo wird unterschieden: Versammelter Trab, Arbeitstrab, Mitteltrab, starker Trab (Abb. 6).
③ Der Galopp ist eine sprunghafte, fließende Vorwärtsbewegung mit freier Schwebe im Dreitakt, die Fußfolge beginnt beim rechten oder linken Hinterfuß,

gefolgt vom diagonalen Vorder- und Hinterfuß gleichzeitig und endet nach dem linken oder rechten Vorderfuß mit dem Moment der freien Schwebe. Je nachdem welches Paar von Vorder- und Hinterbein weiter ausgreift, wird also der Rechts- und Linksgalopp unterschieden, zusätzlich zum Tempo: Versammelter Galopp, Arbeitsgalopp, Mittelgalopp, starker Galopp (Abb. 7).
④ Sonderformen: Neben diesen natürlichen Grundgangarten gibt es noch die *Rückwärtsbewegung,* die das Pferd aus dem Schritt entwickelt – allerdings als Zweitakt mit diagonaler Fußfolge – und den *Sprung,* entwickelt aus dem Galopp mit Landung auf einem Vorderfuß. Manche Rassen bieten als spezielle Gangart auch noch den *Pass* und/oder *Tölt* in verschiedenen Formen und Ausprägungen an.

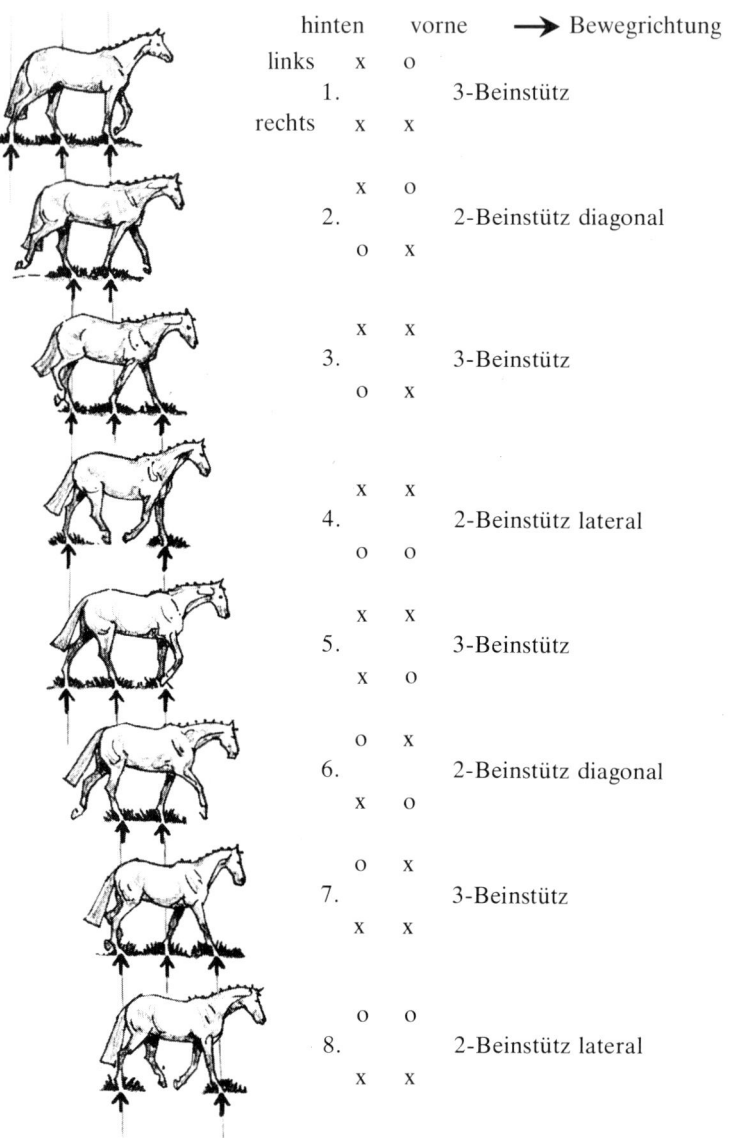

```
          hinten    vorne    ──► Bewegrichtung
  links     x        o
        1.                    3-Beinstütz
  rechts    x        x


            x        o
        2.                    2-Beinstütz diagonal
            o        x


            x        x
        3.                    3-Beinstütz
            o        x


            x        x
        4.                    2-Beinstütz lateral
            o        o


            x        x
        5.                    3-Beinstütz
            x        o


            o        x
        6.                    2-Beinstütz diagonal
            x        o


            o        x
        7.                    3-Beinstütz
            x        x


            o        o
        8.                    2-Beinstütz lateral
            x        x
```

Abb. 5: Der Bewegungsablauf im Schritt.

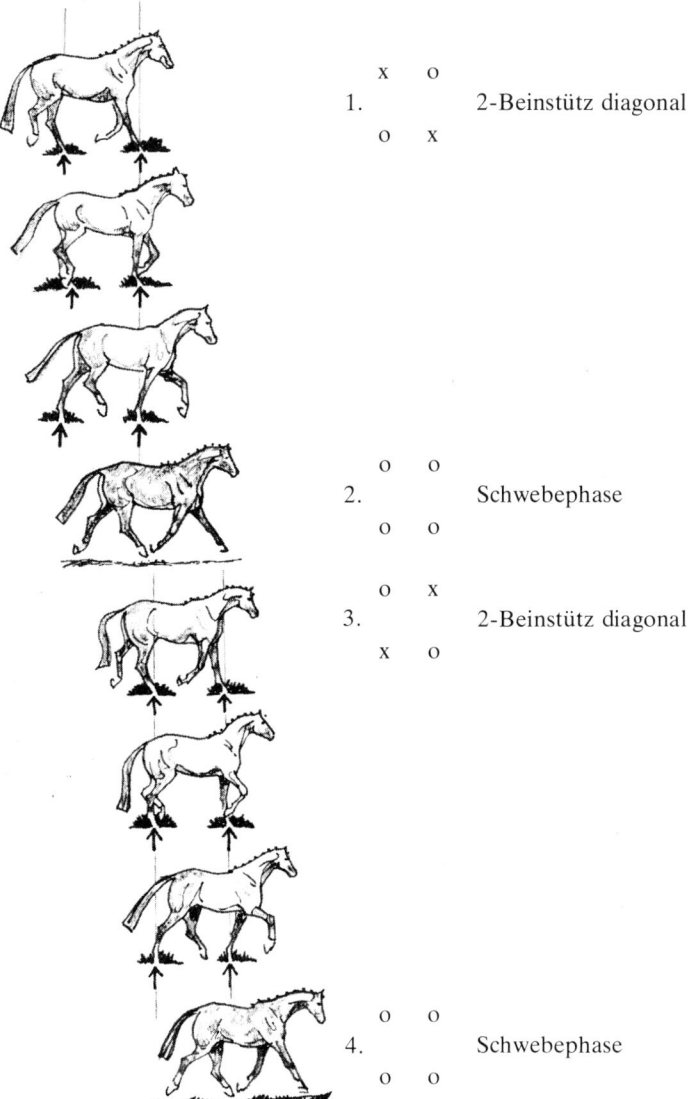

1.   2-Beinstütz diagonal

2.   Schwebephase

3.   2-Beinstütz diagonal

4.   Schwebephase

Abb. 6: Der Bewegungsablauf im Trab.

	Rechtsgalopp			Linksgalopp	
1.	o o o o				1-Beinstütz
	o x x o				
2.	o x x o				3-Beinstütz
	x x x x				
3.	o x x o				2-Beinstütz
	x o o x				diagonal
4.	x x x x				3-Beinstütz
	x o o x				
5.	x o o x				1-Beinstütz
	o o o o				
6.	o o o o				Schwebe-
	o o o o				phase

Abb. 7: Der Bewegungsablauf im Rechts- und Linksgalopp.

B. 2 Das Pferd:
ein Partner und Sportkamerad
für Behinderte

Ein besonderer Reiz des Reitens liegt im Kontakt und Umgang mit dem Lebewesen »Pferd«. Schon in der Therapie, wo es als »Behandlungsmedium« eingesetzt wird, baut sich eine intensive, partnerschaftliche Beziehung zwischen Pferd und Patient auf. Beim Reitsport einschließlich Betreuung und Pflege des Pferdes wird diese Beziehung erweitert und vertieft. Bei Schwerbehinderten, die wenig oder gar keine Möglichkeit zu körperlicher Aktivität haben, wird die sportliche Tätigkeit überhaupt erst durch das Sitzen zu Pferde ermöglicht. Welch tiefes Erlebnis liegt darin, nun vom Pferderükken aus eine ganz neue, erhöhte Perspektive zu gewinnen, sonst unerreichbare Räume zu erschließen, die kraftvollen, zügigen und harmonischen Bewegungen nach- und mitzuvollziehen, die eigene Einwirkung auf dieses große starke Tier in seiner willigen Reaktion zu spüren! Darin liegen Möglichkeiten, einen Beitrag zur Entwicklung der Persönlichkeit zu leisten, Defizite aufzuholen oder auszugleichen.

Das gilt auch für den sozialen Bereich, in dem das Pferd den Behinderten gleichsam aus seiner Isolation herausträgt, in die unsere Gesellschaft ihn viel zu oft verdrängt. Als individuelles Lebewesen kann das Pferd für den Behinderten zu einer echten »Bezugsperson« werden; es reagiert und antwortet sehr fein auf Gesten und Ansprache. So kann sich eine ganz eigene, unbelastete Kommunikation aufbauen, über die auch der Kontakt zum Mitmenschen und zur Umwelt neu oder erneut gefunden werden kann. Das wird im heilpädagogischen Reiten als eine der speziellen erzieherischen Möglichkeiten und Maßnahmen genutzt. Im vielgestaltigen sozialen Gefüge Pferd/Reiter, Reitschüler/Reitlehrer, Reiter/andere Reiter und Pferde, bietet die gesellschaftliche Struktur eines Reitvereins neue Möglichkeiten zur sozialen Integration, zu gegenseitigem Verständnis aus gemeinsamen Tun und Interesse.

B.3 Das Pferd: Hinweise zu seiner Ausbildung und laufenden Arbeit

Bevor ein Pferd für Behinderte eingesetzt wird, sollte seine Grundausbildung etwa bis zum Rahmen der Klasse L voll abgeschlossen sein. Eine weitere Ausbildung empfiehlt sich häufig nicht, da diese Pferde in der Regel zu empfindsam auf die teilweise doch unorthodoxen Hilfen von Behinderten reagieren. Darüberhinaus muß die Ausbildung auch in den Arbeitstechniken abgeschlossen sein, in denen das Pferd für Behinderte eingesetzt werden soll; manches ist dabei aus der Ausbildung eines Voltigierpferdes übertragbar. An zusätzliche Geräte wie Rampen, Rollstühle, Gehstöcke und Spezialausrüstung muß das Pferd ebenso gewöhnt sein, wie an die zukünftigen Arbeitsbedingungen: Anwesenheit von mehreren Helfern, ggf. auch Publikum oder Film-Team. Es ist einleuchtend, daß das Pferd sich nicht nur gut an der Hand arbeiten lassen sollte, sondern auch völlig frei in einem beständigen, einwandfreien Stimmkontakt bleiben muß.

Alles dies muß während der laufenden Arbeit ggf. immer wieder auch unabhängig vom praktischen Einsatz mit Behinderten geübt, weiter geschult oder auch korrigiert werden. Darüberhinus braucht das Pferd, um bei guter Kondition rittig und gehorsam zu bleiben, auch zum »Abschalten« und für den Ausgleich eine reguläre Tätigkeit unter dem Reiter, die auch Springen und Springgymnastik sowie Geländetraining und Weidegang mit einbeziehen sollte.

Foto 1: Ausgebundenes Pferd am Führzügel mit Therapiegurt und Therapiedecke. Der spezielle Gurt ist extrem flach und weich (bei Knieschwierigkeiten) aus einem Stalldeckengurt gearbeitet; weiche, flexible Ledergriffe befinden sich seitlich und in der Mitte. Die große, weiche Lammfelldecke stellt eine ideale Sitzhilfe und Polsterung dar; der lose zu verschnallende Bauchgurt und ein Schweifriemen verhindern das Verrutschen oder Auffalten der Decke. Diese Ausrüstung hat sich bei der Sitzausbildung Behinderter ebenso bewährt wie in der Therapie.

Foto 2: Höhenverstellbare Lederschlaufe am verstärkten (!) Haltering.

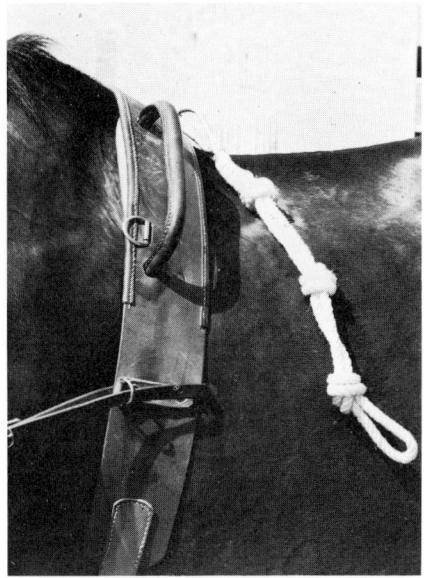

Foto 3: Pferd mit Voltigiergurt. Werden vermehrt Gewöhnungs-, Lockerungs- oder turnerische Voltigierübungen ausgeführt, so empfiehlt sich der Voltigiergurt; ebenfalls flach gearbeitet, mit langen, geraden Griffen, die keine unerwünschte Vorlage herbeiführen dürfen und breit genug sein müssen, damit auch der Helfer noch mit anfassen kann. In der Mitte ist hier zusätzlich noch ein Knotenstrick eingehakt, dessen Knoten und Schlaufen zusätzliche Greifmöglichkeiten bieten, die außerdem schnell in der Höhe anzupassen sind.
Bei allen Gurten ist auf die richtige Höhe der Ringe für die Ausbinder zu achten: etwa Schultermitte.

B.4 Die Ausrüstung: Grundausrüstung und Spezialausrüstung

Die *Grundausrüstung* beinhaltet
a) Stallzeug: Komplettes Putzzeug, Halfter mit Anbindestrick, Decke;
b) Reitzeug: komplette Trense, kompletter guter Vielseitigkeitssattel;
c) Longierzeug: Longe, Ausbinder, Peitsche, Gamaschen oder Bandagen, Longiersteg für Trensengebiß (am besten mit laufendem Ring) evtl. auch Longier-Trense oder Kappzaun.

Die *Spezialausrüstung* umfaßt
a) Führzügel;
b) Langzügel mit Vorderzeug;
c) Voltigiergurt, ggf. Therapiegurt mit Therapie-Lammfelldecke;
d) spezielle Reitausrüstung an Zügel, Bügel oder Sattelzeug.

Diese Teile sind in bewährter Ausführung preisgünstig zu beziehen bei der Firma Gebr. Winz, Postfach 2543, D-4054 Nettetal 2 (Tel. 0 21 57/40 11). Auch individuelle Ausführungen und behindertengerechte Maßanfertigungen von Sattel- und Zaumzeug werden dort beraten und angefertigt.

Diese weiteren Möglichkeiten der Spezialausrüstung und Hilfsmittel werden jeweils im Text angesprochen.

▶ An dieser Stelle sei bereits eine ernste Warnung ausgesprochen vor allen Gurten, die den Reiter fest mit dem Pferd verbinden. Wegen des erhöhten Unfallrisikos und der physischen wie psychischen Einengung des Reiters sind diese Gurte streng abzulehnen.

Andere Festhaltevorrichtungen demonstrieren die Fotos 3 bis 6.

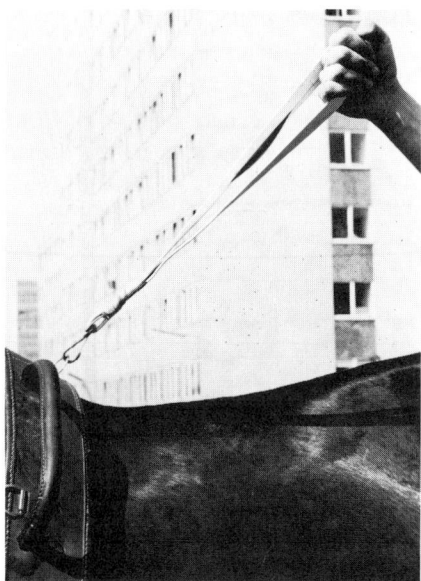 

Foto 4: Lange, glatte Schlaufe, die sich auch als Stehriemen nutzen läßt.

Foto 5: Kurze Lederschlaufe mit Karabinerhaken am verstärkten (!) Haltering am Sattel befestigt.

 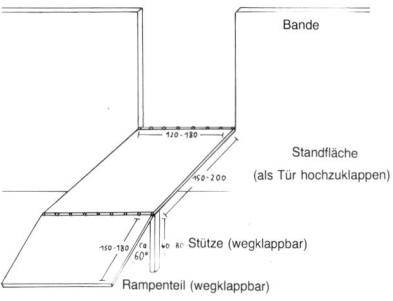

Foto 6: Festhalteriemen am Sattel vorne und hinten. Die herkömmlichen Festhalteriemen sind i.d.R. zu schwach und stellen ein Unfallrisiko dar.

Abb. 8: Rampe in die Bande eingebaut, zweiteilig, läßt sich auch gleichzeitig als Eingang nutzen.

Foto 7: Mobile Rampe, kombiniert mit Treppe. Die Auffahrt sollte nicht zu steil geneigt sein und die Standfläche genügend Platz für Rollstuhl und mehrere Personen bieten. Ideal ist es, wenn sie mit einer zweiten Rampe auf der anderen Seite des Pferdes kombiniert wird, andernfalls sollte ein Helfer ggf. auch ein Cavaletti oder die Bande das Zurseitetreten des Pferdes verhindern.

B.5 Die Anlage: Halle, Platz, Stall, Nebenräume, Rampen, Gelände

Im Idealfall ist die gesamte Anlage auch dem Rollstuhlfahrer zugänglich: Genügend breite Gänge und Türen, keine oder mit Rampen versehene Treppen, technische und hygienische Einrichtungen auch für Behinderte erreich- und bedienbar. Allerdings wird man hier in bestehenden Reitanlagen häufig Kompromisse machen bzw. Ausweichmöglichkeiten finden müssen.

Für die Grundausbildung ist eine reguläre *Reithalle* vorzuziehen, die möglichst störungsfreies Arbeiten gewährleistet. Günstig ist es, wenn sie direkt mit *Nebenräumen* kombiniert ist, die Aufwärm-, Vorbereitungs- und Untersuchungsmöglichkeiten bieten können und daher auch in Sicht- und Hörverbindung zur Halle bleiben sollten. Ein *Außenplatz* bietet erweiterte Übungsmöglichkeiten, insbesondere wenn er mit einfachen Geländestrukturen wie Hügel oder Bachtäler und Baumbestand versehen ist.

Für den speziellen Bedarf des Behinderten kommen *Aufstiegshilfen* hinzu: In Form von mobilen oder fest in die Bande eingebauten Rampen oder Treppenkonstruktionen (vgl. Foto 7 und 8, Abb. 8).

Foto 8: So wird der Rollstuhl gekippt und von zwei Helfern die Rampe hinauf- oder hinabgefahren.

Notizen

Der Reiter

C

Jeder Behinderte kann Reiten lernen, wenn er körperlich ausreichend belastbar ist und über eine genügende Bewegungskontrolle (besonders des Kopfes) verfügt sowie die intellektuellen und charakterlichen Fähigkeiten besitzt, die eine Partnerschaft mit dem Pferd ermöglichen. Der letztgenannte Gesichtspunkt erhält beim Reitsport geistig Behinderter einen anderen Akzent, doch ist ein gewisses Minimum an reiterlicher Einwirkung in jedem Fall Voraussetzung für die *sportliche* Ausübung des Reitens (sonst kommen andere Tätigkeitsformen mit dem Pferd − Reiten als Therapie, heilpädagogisches Voltigieren und Reiten, zweckfreies „Reitenlassen" und angeleitete Betätigung am Pferd − in Betracht). In jedem Fall soll der Arzt über die Zulassung auch des gesunden sportfähigen Behinderten zum Reitsport gehört werden. Er gibt dem Reitlehrer präzise Hinweise über Belastbarkeit und etwaige Besonderheiten, die zu berücksichtigen sind. Im gemeinsamen Ge-

spräch, das die bisherigen Betreuer (Krankengymnastin) einbeziehen sollte, kann die Art und Weise des methodischen Vorgehens und der Hilfsmittel abgeklärt werden.

Es wird die beim Reiten übliche Grundausrüstung benötigt: Reithose, Stiefel, Handschuhe und (als wichtigstes) die bruchfeste, splitterfreie, festsitzende Kappe, am besten mit Kinnschutz, z. B. ein Military-Helm (vgl. Foto 9 und 10). Im Anfang genügen Trainingsanzug und/oder Jeans (jedoch ohne störende Nähte) und feste knöchelhohe Schuhe. Aktive Tetanusschutzimpfung ist wegen der hohen Infektionsgefahr im Stallbereich als verbindlich anzusehen.

Foto 9: Reiter in voller Ausrüstung.

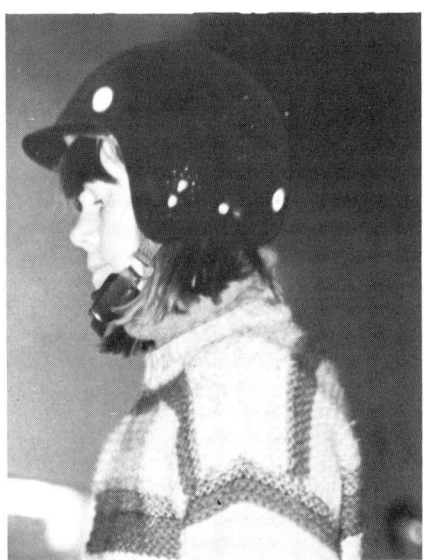

Foto 10: Gut geeigneter Helm mit Kinnschutz.

C.1 Körperbehinderte

C.1.1 Medizinische Aspekte

Bewegungsstörungen sind häufig Folge einer Hirnschädigung, die aufgrund einer Störung in der Schwangerschaft oder unter der Entbindung angeboren oder aber in den ersten drei Lebensjahren z.b. durch Infektion erworben wurde (frühkindliche Hirnschädigung – Cerebralparese oder kurz CP); auch Folge einer Schädigung des Hirns, Rückenmarks bzw. peripherer Nerven und Nervengeflechte.

Bewegungsstörungen können außerdem durch den Stütz- und Bewegungsapparat selbst bedingt sein: angeborene oder erworbene Gliedmaßenfehlbildungen, -Verluste oder -Versteifungen sowie angeborene und erworbene Mängel am Muskel-, Sehnen- oder Bandapparat.

C.1.1.1 Cerebralparese

Die Cerebralparese äußert sich durch unterschiedlich ausgeprägte spastische Lähmungen, die zu Kontrakturen (vor allem Anspreiz-, Kniebeuge- und Spitzfußkontraktur) führen, in Bewegungsunruhe (Choreo-Athetosen) und Ataxien (sog. Koordinationsstörungen). Teilweise sind sie mit Sinnes- oder Intelligenzdefekten vergesellschaftet. Der Tonus des spastischen Muskels ist erhöht, erkennbar am federnden Widerstand bei passiver Bewegung, während bei aktiver Bewegung (Willkürbewegung) der Bewegungsablauf durch die Spastik gebremst ist. Die Kraftentfaltung des Muskels ist herabgesetzt. Bei plötzlicher Dehnung, Kraftaufwendung oder seelischer Erregung verstärkt sich die Spastik; durch krankengymnastische Maßnahmen, Wärme und seelische Entspannung kann sie gelokkert werden. Berührungs-, Schmerz- und Temperaturempfindung sind weniger beeinträchtigt als Gefühlsempfindungen der Haut für Form und Beschaffenheit von Gegenständen sowie das Lagegefühl für die Gelenkstellung.

Die spastische Lähmung führt zu Massenbewegungen (Bewegungssynergien), die nur nach einem stereotypen, eingeengten Bewegungsmuster ablaufen können, das statt der isolierten Bewegung ungewollte Mitbewegungen verursacht unter Verlust der Vielfalt der normalen Bewegungsabläufe, z.B. führt die Beugung der Ellenbogen zwangsläufig und nicht zu unterdrücken zu einer Abspreizung des Oberarmes, zu einer Innendrehung im Ellenbogen, leichter Streckung der Hand und Beugung aller Finger, meist mit eingeschlagenem Daumen; bei Innervation eines gesunden Gliedes wird das gelähmte mitbewegt. Nicht selten bleiben die spastisch gelähmten Gliedmaßen auch im Wachstum zurück.

Im Verteilungsmuster unterscheidet man:

● Die spastische *Halbseitenlähmung (Hemiplegie),* die entweder die rechte oder linke Körperhälfte befällt, im Arm meist ausgeprägter als im Bein, unter Miteinbeziehung der Gesichtsmuskulatur.

● Die spastische *Diplegie oder Paraplegie* (Little'sche Krankheit) bei der vorrangig die Beine, wenig oder gar nicht die Arme betroffen sind. Der Spasmus in den Anspreizmuskeln (Adduktorenspasmus) dreht die Knie nach innen, was die Spreizung der Beine erschwert; der Streckspasmus zieht eine Spitzfußstellung nach sich.

● Die spastische *Tetraplegie* lähmt alle Gliedmaßen und die Rumpfmuskulatur; Schädigung der Gesichtsmuskulatur führt zu Schwierigkeiten bei der Sprachartikulation und beim Schlucken, die Mimik fehlt oder ist verzerrt, (Grimasieren), was unglücklicherweise zum völlig falschen Eindruck einer geistigen Behinderung führt.

● Die *Choreo-Athetosen* äußern sich durch ständige, ununterdrückte Bewegungsunruhe. Vorwiegend an den Gliedmaßenenden können jedoch auch die Rumpf- und Halsmuskulatur sowie die Gesichts- und Sprachmuskulatur mit den geschilderten Auswirkungen betroffen sein. Man unterscheidet die athetotische (mehr langsam tonische Hyperkinese) von der koreatischen (rasche, kurzdauernde Zuckungen) Bewegungsstörung, die jedoch meistens als Mischtypen auftreten.

● Schließlich noch die *Ataxie*, eine Koordinationsstörung, die auf einer Schädigung des Kleinhirns beruht und die Kontrolle des Bewegungsausmaßes und der Bewegungsrichtung stört. Das Bewegungsbild ähnelt dem eines Betrunkenen, der Muskeltonus und die grobe Kraft sind herabgesetzt, das Zittern der Hände hört erst in Ruhe auf.

C.1.1.2 Schädigung des Hirns, Rückenmarks oder peripherer Nerven und Nervengeflechte

Die *Hirnschädigung* des Erwachsenen durch Infektionen oder Schädeltrauma(unfall) können im Prinzip ähnliche Ausfallserscheinungen nach sich ziehen, die glücklicherweise jedoch durch die abgeschlossene Entwicklung des Gehirns meist nicht so ausgeprägt sind. Allerdings kann es hier auch zu psychischen Veränderungen kommen, wie Antriebsschwäche, Unaufmerksamkeit, Sprunghaftigkeit, Reizbarkeit mit depressiven Verstimmungen.

Rückenmarksschäden führen zur unvollständigen oder totalen *Querschnittslähmung* (Paraplegie), indem eine Verletzung, Entzündung, oder das Wachstum eines Tumors die Rückenmarksbahn unterbricht. Je nach Höhe und Ausmaß der Schädigung resultieren Krampflähmungen der Muskulatur der unteren Körperhälfte, ein Verlust der Gefühlswahrnehmung für Tastempfindung, Schmerzen und Temperatur sowie ein Ausfall der vegetativen Funktionen (Blase, Darm, teilweise Geschlechtsorgane).

Eine der häufigen Ursachen der schlaffen Lähmungen ist die *Kinderlähmung* (Poliomyelitis).

Durch Verletzung peripherer Nerven (Randgebiet) kommt es zu *schlaffer Lähmung* im Versorgungsgebiet des Nerven jedoch; hat er die Fähigkeit sich zu erholen (Regeneration). Schädigungen von Nervengeflechten führen zu größeren Muskelausfällen, Teilschädigungen zu unvollständigen Lähmungen mit mehr oder minder herabgesetzter grober Kraft. Da an der Peripherie die motorischen und sensiblen Nervenphasern zusammenverlaufen, sind auch die Gefühlsempfindungen der Haut für Berührung, Schmerz und Temperatur beeinträchtigt oder gänzlich aufgehoben.

Die *Multiple Sklerose* (MS) ist die relativ häufige Entmarkungskrankheit des Zentralnervensystems (ZNS).

C.1.1.3 Angeborene oder erworbene Gliedmaßenfehlbildungen, -verluste oder -versteifungen

Schäden am Skelett können vererbt oder

durch Entwicklungsstörungen und Degeneration (Entartung) verursacht sein. Bei der *Dysmelie* kommt es während der 4. bis 6. Schwangerschaftswoche zu einer Fehlentwicklung der Gliedmaßen (Extremitäten) oder innerer Organe. (Bekannt geworden als sogen.»Contergan-Schaden«, da unter Einfluß dieses Medikamentes die Schädigung gehäuft auftrat). Man unterscheidet die *Amelie* bei der die Gliedmaßen vollständig fehlen, von der *Phokomelie* (Robbengliedrigkeit) bei der Fingerreste direkt an der Schulter ansetzen, die *Peromelie* bei der ähnlich einer Amputation ein quer oder konisch verlaufender Stumpf vorliegt, zudem die große Gruppe der *Ektromelien,* bei der eine Unterentwicklung oder gänzliches Fehlen einzelner oder mehrerer Röhrenknochen vorliegt, die mit Fehlstellungen der Gliedmaßen und Kontrakturen kombiniert sein kann. Die Schädigung kann distal (körperfern), proximal (körpernah) oder axial (die ganze Extremität betreffend) verlaufen (Abb. 9). Die neue internationale Klassifizierung unterscheidet die transversale (quere) von der longitudinalen (axialen) Form mit jeweils kompletter oder partieller Schädigung.

Der *Klumpfuß* und/oder die *Klumphand* sind entweder angeboren oder Folge von Lähmungen.

Bei totalem Gliedmaßenverlust (*Amputation*) kommt Versorgung mit einer Prothese (Ersatzglied) in Betracht, die teilweise auch die verlorengegangenen Funktionen ersetzt oder nur kosmetische Aufgaben erfüllt. Hilfsapparate, die Funktionsunterstützung für eine geschädigte Gliedmaße geben, werden als Orthesen bezeichnet.

Nach schweren Verletzungen oder ausgeheilter Knochen- und Gelenktuberkulose können *Gelenkversteifungen und -verkürzungen* zurückbleiben.

Pseudarthrosen sind Falschgelenke, die infolge ungenügender Knochenheilung entstehen.

Bei fehlerhafter Gelenkanlage (*Dysplasie*) kann es zu Fehlstellungen und dauernder Verrenkungsgefahr kommen. Operative und konservative Behandlungsmaßnahmen bessern die anatomischen Gegebenheiten und führen zu einer funktionellen Heilung.

Auch an der *Wirbelsäule* gibt es typische

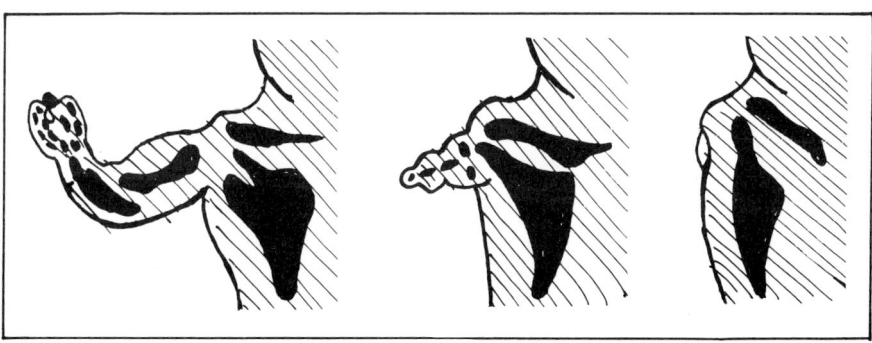

Abb. 9: Häufige Erscheinungsform der Dysmelie: Amelie, Pholomelie, Ektromelie.

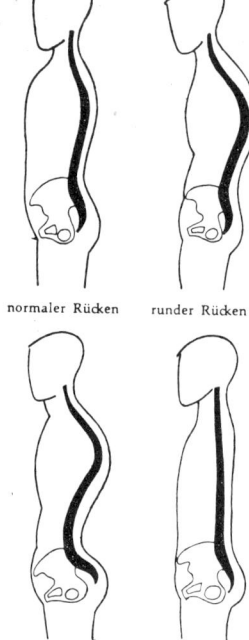

normaler Rücken   runder Rücken

hohlrunder Rücken   flacher Rücken

Abb. 10: Haltungsformen.

angeborene oder erworbene Form-, und Fehlbildungen, z.B. Blockwirbel, Wirbelgleiten; typisch sind Verbiegungen, die ganze Wirbelsäulenabschnitte betreffen, wie *Skoliose* (fixierte Seitverbiegung) und *Kyphose* (Rundrücken im Brustbereich). Haltungsschwächen und -fehler bestehen in Abweichungen von der normalen S-förmigen Schwingung der Wirbelsäule (Abb. 10). Zu den degenerativen Wirbelsäulenveränderungen gehören Bandscheibenschaden sowie arthrotische Prozesse an den Wirbelgelenken.

C.1.1.4 Angeborene und erworbene Mängel am Muskel-, Sehnen- und Bandapparat.

Körperliche Behinderungen und eine Beeinträchtigung der Motorik (Bewegungsfähigkeit) kann auch durch Systemerkrankungen des Binde- und Stützgewebes am Haltungs- und Bewegungsapparat hervorgerufen werden.

C.1.2 Reiten bei Körperbehinderungen

Der Reitlehrer sollte sich über das persönliche Schadensbild jedes einzelnen seiner Reitschüler informieren und ggf. mit dem Behinderten selbst oder seinem Arzt darüber Rücksprache nehmen. Niemals darf er ohne ärztliche Bestätigung der Unbedenklichkeit einen Behinderten in eigener Verantwortung auf das Pferd lassen. Reitunterricht von Behinderten ohne positive ärztliche Stellungnahme könnte als Verstoß gegen die Sorgfaltspflicht gewertet werden, so daß die ärztliche bzw. sportärztliche Untersuchung in allseitigem Interesse liegt.

C.1.2.1 Reiten bei Behinderungen durch Lähmung

Bei der Schulung von Sitz und Einwirkung ist in allen Hinweisen und Korrekturen zu beachten, daß der Schüler je nach Behinderung bestimmte Bewegungen nicht oder nur unvollkommen ausführen kann, daß die isolierte Willkürbewegung eingeschränkt oder von ungewollten Massen- oder Mitbewegungen anderer Gliedmaßen begleitet wird; daß das Tempo der Bewegung verlangsamt oder beschleunigt ablaufen kann bzw. unwillkürliche Aktionen einfließen können.

Niemals dürfen Bewegungen oder an sich »korrekte« Haltungen auf Kosten der Losgelassenheit erzwungen werden. Das könnte zu einer weiteren Verkrampfung führen, die das oberste Gebot der Losge-

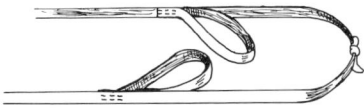

a) Schlaufenzügel

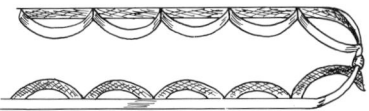

b) Doppelgenähter Zügel

Abb. 11a-c: Zügel mit verbesserter Greiffunktion:

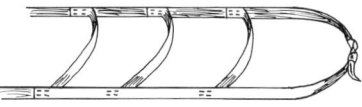

c) Leiterzügel.

lassenheit des Reiters noch mehr verletzen würde. Häufig sind individuelle, von der klassischen Form abweichende Spielarten des Reitsitzes und der reiterli-

Foto 11: Reiter mit Tetraplegie beim Ausgleich der Gleichgewichtsschwierigkeiten; trotz »Schiefhaltung« sitzt er in der Mitte.

chen Hilfen zu entwickeln (Foto 11). Der Erfolg wird um so größer sein, je mehr Möglichkeiten der Kompensation (des Ausgleichs) entdeckt und genutzt werden. Manches was dem Reitlehrer zunächst als Ungeschicktheit oder mangelnde Konzentration oder gar Unwillen erscheint, läßt sich zurückführen auf eine Schwäche der Feinmotorik und Koordination. Im Stundenaufbau muß die oft verminderte Konzentrations- und Ausdauerfähigkeit berücksichtigt werden.

C.1.2.2 Reiten bei Behinderung der Arme
Häufig sind die Greiffunktionen stark beeinträchtigt und müssen durch Hilfsmittel kompensiert oder unterstützt werden. Dafür gibt es verschiedene Spezialzügel:
● den *Schlaufenzügel* (Abb. 11a), bei dem für den jeweiligen Schaden passend kleine weiche Lederschlaufen eingenäht werden;
● den *doppelt-genähten Zügel* (Abb. 11b), bei dem innen ein zweites Leder- oder Gurtband wellenförmig mit Querstegen eingenäht wird;
● den *Leiterzügel* (Abb. 11c), der mehrere Querverbindungen aus Leder oder einzuhängenden Holzstäbchen hat.

Provisorisch genügt zunächst ein Knoten an richtiger Stelle in jedem Zügelteil (Foto 12). Ist der Reiter noch auf's Festhalten angewiesen, so kann er – vorzugsweise mit der inneren Hand; die äußere sorgt dafür, daß das Pferd auf dem Hufschlag bleibt – samt Zügel in den Festhalteriemen fassen (Foto 13), oder, besser noch, einen Knebelriemen mit in die Hand nehmen (Foto 14) (Bezugsquelle siehe S. 21).

Wird durch den Schaden zusätzlich eine Armverkürzung hervorgerufen, so verändert das die übliche Position der Reiterfaust, was wiederum durch Maßnahmen des Ausbindens am Pferde selbst kompensiert werden muß. Zunächst einmal genügt das herkömmliche Ausbinden; zusätzlich gibt es Zügel, die an der Einschnallung im Trensenring variabel und damit längenverstellbar sind (Foto 15). Als zweites muß nun der Zügellauf häufig abgeändert werden, was am besten durch ein länger oder kürzer Schnallen des Martingales vorgenommen wird oder durch zusätzlich anzubringende Ringe an einem Halsriemen (Abb. 12a) oder am

Foto 13: Griff samt Zügel in den Festhalteriemen – mit der inneren Hand, damit die äußere das Pferd auf dem Hufschlag halten kann.

Sattelzeug (Abb. 12b). Damit ist außerdem eine Hebelwirkung gegeben, die

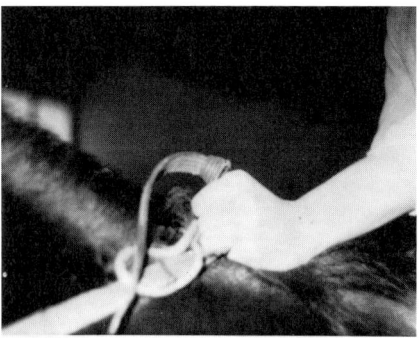

Foto 12: Ein Knoten im Zügel verhindert das Durchrutschen; ggf. verhindert ein zusätzl. Bändchen das Herunterfallen des geteilten Zügels.

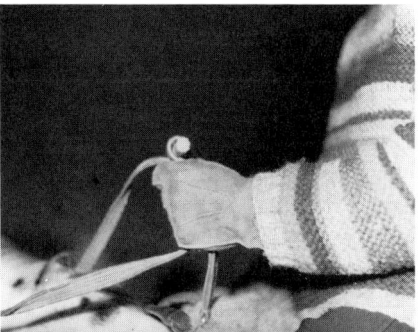

Foto 14: Ein Knebelriemen erlaubt die ungestörte Zügelhilfe bei gleichzeitigem Festhalten. Im Anfang ist es einfacher, wenn der Zügel durch die volle Faust läuft.

a)

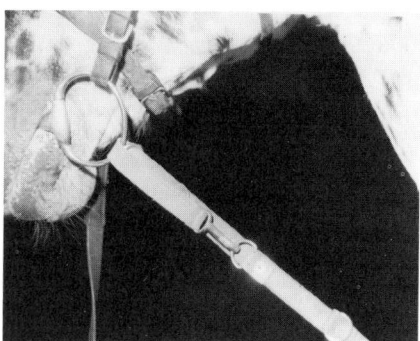

Foto 15: Zügel durch zusätzliche Schnallen verstellbar am Trensenring.

b)

Abb. 12 a und b: Abänderung des Zügellaufs a) durch kurzgeschnalltes Martingal, b) durch Ringe am Sattelzeug.

das erforderliche Maß der Krafteinwirkung herabsetzt und so die Hilfengebung erleichtert.

Allerdings muß der Reitlehrer bedenken, daß die Zügeleinwirkung aus der Schulter heraus durch Drehung des Oberkörpers geschieht, was Konsequenzen für den Reitsitz hat und entsprechender Korrekturen bedarf (Foto 16).

▶ Problematisch können Zügelkonstruktionen werden, die wie »Leibchen« um die Schulter geschnallt werden; auch hier gilt, daß sich der Reiter beim Sturz sicher vom Pferde lösen können muß!

Foto 16: Die Zügelhilfe bei Dysmeliebehinderung (Ektromelie) geschieht aus der Schulter heraus und verändert den Sitz.

In extremen Fällen kann die Zügelführung auch vom Steigbügel aus mit den Beinen vorgenommen werden, ähnlich den Reitern mit Kesselpauken, was allerdings eine Veränderung der regulären Schenkel- und Gewichtshilfen nach sich zieht.

Die Führung des Zügels durch zusätzliche Ringe mildert auch die manchmal doch unruhigen Bewegungen des behinderten Reiters im Pferdemaul ab, das kann im Anfang außerdem durch dazwischengenähte Gummistücke (ähnlich wie bei den Stoßzügeln) geschehen oder indem speziell zum Einüben die Zügel zunächst nur in die Ringe vom Nasenriemen des Reithalfters geschnallt werden. Die meisten Pferde nehmen auch dort die reiterliche Zügeleinwirkung willig auf, sollten allerdings zusätzlich am Gebiß gesichert sein (Foto 17).

Kann der Reiter die Zügelhilfen nur sehr schwach übermitteln, so sollte – mit den nötigen Bedenken der Nebeneffekte – auch an die Verwendung eines schärferen Gebisses gedacht werden. Das gilt auch für das einhändige Reiten, bei dem sich zusätzlich generell abgekürzte Zügel empfehlen (provisorisch durch Knoten der doppelten Zügelenden vor der Schnalle).

Die dargestellten Möglichkeiten stellen Grundprinzipien dar, die für den konkreten Einzelfall variiert oder durch eigene Erfindungsgabe ergänzt werden müssen; Grenzen setzt das Moment der Abfälschung der Hilfen auf das Pferd bzw. ein Unfallrisiko für Pferd und Reiter.

C.1.2.3 Reiten bei Behinderungen der Beine
Hier ist die ruhige Schenkellage und deren reiterliche Einwirkung beeinträchtigt,

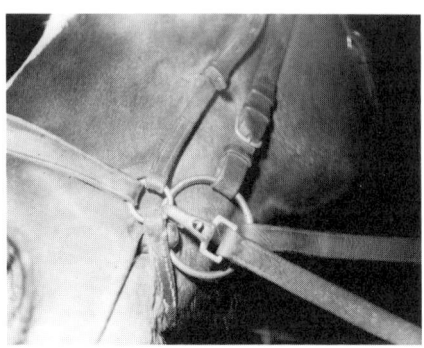

Foto 17: Zweiter Zügel in den Nasenriemen geschnallt um eine ungeschickte Einwirkung für das Pferd zu mildern.

häufig mit Rückwirkungen auf das Gleichgewicht. Hinweise des Reitlehrers und methodische Hilfsmittel müssen darauf abzielen. Am Fuß kann das durch Spe-

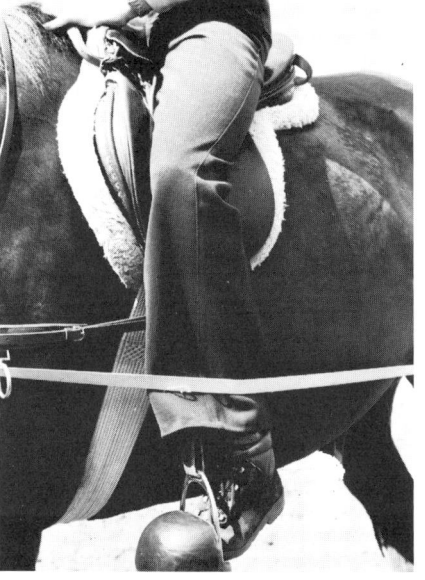

Foto 18: Bügel mit Bügelschuh.

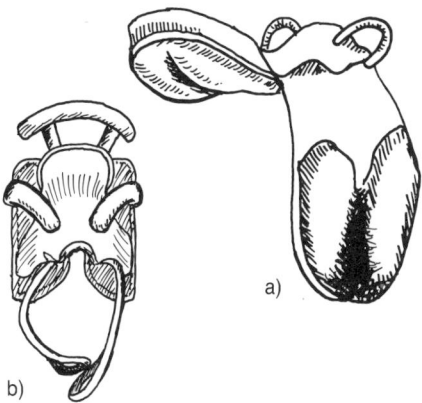

Abb. 13 a und b: Spezialausrüstung am Sattel a) zusätzliche Polsterungen und Haltegriffe, b) Haltebügel über dem Oberschenkel ähnlich denen am Damensattel; angedeutete Lehne.

zialbügel geschehen (vgl. Foto 18-20) – der Bügelschuh verhindert das Durchstecken des Fußes bei Spitzfußstellung. Breite Bügel und breite Bügelriemen, ähnlich wie bei Westernsätteln geben besseren Halt und vermeiden Scheuern. Weiterhin sind zusätzliche Polsterungen am Sattel möglich (Abb. 13a), bis hin zur

Veränderung der Sitzfläche des Sattels oder zusätzlicher Anbringung von Stumpf-Taschen bei Oberschenkelamputation. Wenn der Reiter dadurch nicht zu fest fixiert wird, können auch Haltebügel – ähnlich denen am Damensattel – angebracht werden (Abb. 13b).

Mit dem mangelhaften Schenkelschluß ist bei Beinbehinderungen auch die reiterliche Einwirkung beeinträchtigt; sie muß daher ergänzt werden: 1. durch die Stimme, 2. durch eine Gerte, speziell auf der behinderten Seite, 3. durch Sporen, wenn diese ruhig geführt werden können, ggf. 4. durch einen Helfer und 5. vor allen Dingen durch ein von sich aus vorwärtsgehendes Pferd.

Die Frage, ob mit oder ohne Prothese geritten werden soll, kann der Reitlehrer sicherlich nur in Rücksprache mit dem Arzt entscheiden. *Dafür* spricht die Möglichkeit des weiteren Gewöhnungs- und Geschicklichkeitstrainings mit der Prothese, die symmetrische Verbesserung des Gleichgewichtes, die auch für das Pferd wichtig ist und durchaus auch opti-

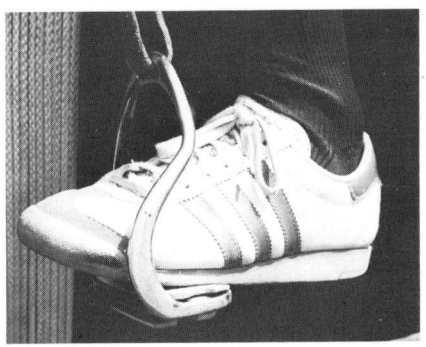
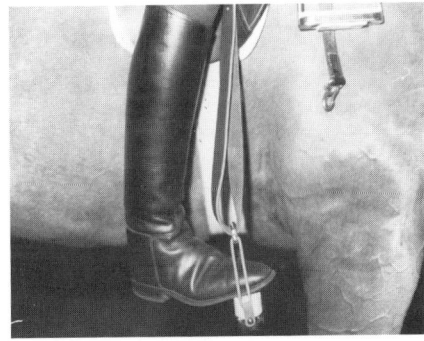

Foto 19 und 20: Sicherheitsbügel, die das Freikommen beim Sturz gewährleisten. In jedem Fall muß der Bügel genügend breit und schwer sein; für die Schenkellage hilfreich sind gelegentlich auch abgeschrägte Einlagen.

sche Auswirkungen. *Dagegen* spricht die mögliche Verletzungsgefahr des Reiters durch die Prothese wenn es zum Sturz kommt, der auch die möglicherweise kostspielige Prothese selbst zerstört; allerdings gibt es speziell für den Sport geeignete Prothesen. Gelegentlicher Verzicht auf die Prothese kann zu gezielter Stumpfgymnastik genutzt werden.

Ganz sicher aber muß auch das Pferd, das durch diese ungewohnte Einwirkung irritiert wird, geschult werden, die veränderten Bedingungen seines Reitergefühls zu tolerieren.

C.1.2.4 Reiten bei Behinderung der Hüfte

Hüftbehinderungen beeinträchtigen bereits die Basis des Reitsitzes. Die Sitzfläche des Sattels kann verbessert werden, gelegentlich auch durch die Verwendung sonst unüblicher Sättel wie z.b. für das Western- oder Islandpferdereiten, oder auch der in der Carmargue oder in Spanien verwandte Hirtensattel. In der Grundausbildung ist die bereits erwähnte Therapie-Lammfelldecke hier hilfreich, später dann auch eine lammfellüberzogene Sitzfläche des Sattels, die ohne Schwierigkeiten auch zusätzlich angebracht werden kann (Foto 21). Schwierigkeiten der Abspreizung der Beine werden vom Behinderten häufig durch extrem weites Hintensitzen (Stuhlsitz) ausgeglichen, dem allmählich entgegen gewirkt werden muß. Auch das kompensatorische Ausweichen ins Hohlkreuz oder den Rundrücken muß abgebaut werden. Hier helfen Pferde mit besonders schmaler Rippenwölbung und entsprechende Sättel, aber auch vorbereitende Maßnahmen vor dem Aufsitzen: Eine Vordehnung durch Spreizsitz auf einem Strohballen oder Turnpferd, dann zu-nächst Rückwärts-Reitsitz auf ungesatteltem Pferd. Besondere Schwierigkeiten werden beim Auf- und Absitzen noch behandelt.

C.1.2.5 Reiten bei Behinderungen der Wirbelsäule

Die beste Vorbeugung und Kompensation von Schäden und Schwächen der Wirbelsäule stellt das Training der Bauch-, Rücken- und Gesäßmuskulatur durch das Reiten dar. Ein gutes Muskelkorsett ist die beste Hilfe, die ggf. durch ein spezielles Mieder (z.B. NIBA-Gürtel) noch verbessert werden kann. Die Bewegung des Pferdes ermöglicht ein symmetrisches Muskeltraining, dessen gesundheitlicher Wert bei allen Wirbelsäulenschäden von größter Bedeutung ist. Eindeutig medizinisch abzuklären ist zuvor allerdings, ob keinerlei akute oder entzündliche Prozesse mehr wirksam sind (Kontraindikation).

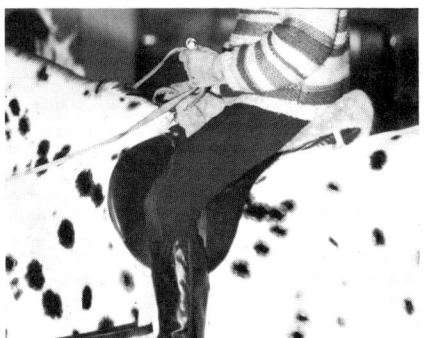

Foto 21: Sattel mit übergezogenem Lammfell zur Abpolsterung der Sitzfläche für eine Reiterin mit Querschnittslähmung.

C.2 Sinnesbehinderte

C.2.1 Medizinische Aspekte

C.2.1.1 Sehschäden und Blindheit

Am komplizierten optischen Apparat kann es zu vielfältigen Schädigungen kommen, z.b. Hornhauttrübung, Trübung der Augenflüssigkeit, der Linse (Star), Schädigung der Linse, der Sehzellen, des Sehnerven oder auch ein Schaden im Sehzentrum des Gehirns. Eine Störung im höheren Sehzentrum betrifft die Wahrnehmung von Objekten, Situationen und fortlaufenden Handlungen und wird als Seelenblindheit (Agnosie) bezeichnet. Auch die vollständige Lese-Rechtschreibschwäche (Alexie) und die teilweise Schwäche (Legasthenie) soll erwähnt werden. Beim *Blinden* erfolgt eine Kompensation des Gesichtssinnes durch die anderen Sinne, insbesondere Tast- und Hörsinn (Vikariat, Fernsinn). Wichtig ist die Unterscheidung zwischen ihm und dem »*Sehrestler*« oder Sehbehinderten. Diesem stehen Möglichkeiten der Kompensation und Orientierung offen, da der Gesichtsinn nicht vollständig ausfällt. Für die Einschätzung der Sehbehinderung ist neben der graduellen Einteilung auch das optische Erscheinungsbild von Wichtigkeit (Berechnungsfehler, Doppelbilder, Störungen in den optischen Feldern) sowie der zeitliche Eintritt des Schadens, da bei Spät-Erblindeten bereits ganz andere Erfahrungshorizonte vorliegen.

Durch wesentliche Schädigung des Gesichtssinns kann die Entfaltung sonst intakter körperlicher und auch geistiger Fähigkeiten (letztes weniger) beeinträchtigt werden, u.U. mit den Folgen einer Herz-Kreislauf-Schwäche und anderer Organunterfunktionen durch Bewegungsmangel. Die Haltung leidet durch die dauernde Anspannung und die unsicher tastende Bewegungsweise. Bei Kindern vor allem führt der überschießende, am Ausleben gehinderte Bewegungsdrang zu rhythmischen Stereotypen, z.b. Kopf- und Rumpfkreisen, Wippen des Oberkörpers, Händeschütteln usw.

In der Folge wird auch die gesamte Persönlichkeitsstruktur des Versehrten beeinflußt: die Kontaktaufnahme ist erschwert, und die Unselbständigkeit vergrößert sich noch, wenn sie an wenige besonders vertraute Personen gebunden bleibt. Ungewohnte Umgebung, neue Aufgaben o.ä. führen zu physischer wie psychischer Verkrampfung und Hemmung, die leicht seelische Depressionen und geistige Ermüdung zur Folge haben können.

C.2.1.2 Hörschäden und Taubheit

Schäden des Hörsinnes führen zu Herabsetzung des Hörvermögens (*Schwerhörigkeit*) und beruhen entweder auf Erkrankungen des Mittelohrs – die Schäden am Schalleitungssystem mit sich bringen; oder auf Erkrankungen des Innenohres, des Hörnervs oder des Zentralnervensystems – dies kommt einer Störung des schallempfindenden Apparates gleich. Der vollständige Verlust des Hörvermögens wird als *Taubheit* bezeichnet. Wenn sie angeboren oder in früher Kindheit erworben ist, zieht sie den Verlust der Sprache mit sich und führt so zur *Taubstummheit*, wenn nicht besondere Erziehung und Förderung erfolgt. Für die ernsthaft Hörbehinderten gelten viele Gesichtspunkte, die unter den Schäden des Gesichtssinnes genannt wurden, insbesondere die mögliche Mitschädigung der gesamten Persönlichkeitsstruktur.

C.2.2 Reiten bei Sinnesbehinderungen

C.2.2.1 Reiten mit Sehbehinderten und Blinden

Die kurzen medizinischen Angaben machen bereits deutlich, daß Blinde und Sehbehinderte für fast jeden Lernprozeß mehr Zeit, Willen, Fleiß und Selbstdisziplin aufbringen müssen, um »normale« Leistungen zu erreichen. Der Ausfall von optischen Umweltreizen, optischen Orientierungsmöglichkeiten, Beobachtungen fremder Bewegungsabläufe und der Ausfall der Kontrolle eigener Bewegungsabläufe bedingt einen verstärkten, kompensatorischen Einsatz des Gehör- und Tastsinnes, des Fernsinnes, einer phantasievollen Vorstellungsgabe und des Gefühls für Balance und Lagebefindlichkeit. Diesen Gegebenheiten muß der Unterrichtende gerecht werden durch:

● klare, aber sparsame Verbalanweisungen, die die Aufnahme- und Konzentrationsfähigkeit des blinden Reitschülers nicht überstrapazieren dürfen;
● besonders ruhige, störungsfreie Atmosphäre;
● Vermeidung von unnötigem Wechsel der räumlichen Bedingungen;
● geordnete, übersichtliche Übungsabläufe (das gilt auch für den Umgang mit dem Pferd im Stall);
● gezielten Einsatz von Helfern.

STERN gibt für die strenge Grundlagenschulung und intensive Aufbauarbeit folgende Kriterien an:
① Mehr Zeit und Ruhe bei der Heranführung ans Pferd; erste Kontakte durch Herumgehen, Streicheln, Satteln, Trensenführen und Pflegen des Pferdes mit

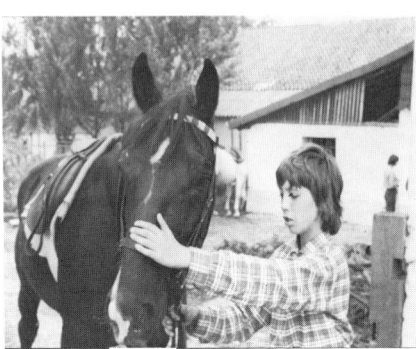

Foto 22: Sehbehinderter Reitschüler beim »Ertasten« des Pferdes.

gezielter Anleitung, die auch die physischen und psychischen Gegebenheiten genereller und individueller Eigenarten der Pferde miteinbezieht (Foto 22).
② Kennenlernen der Reithalle oder des Reitplatzes durch wiederholtes Abschreiten, vorbereitendes Toben und Spielen – auch in Form der Longenarbeit: Ein Blinder kann einen so großen Raum normalerweise nur motorisch und akustisch ausloten, daher bewegt er sich darin nur auf rechtwinklig zueinanderstehenden Linien mit annähernd ausgeführten Diagonalen; alle kreis- und bogenförmigen Linien dagegen sind ihm fremd. Deshalb soll der Longenunterricht auf einem Pferd, das den Zirkel besonders gut ausgeht, länger ausgedehnt werden, wobei der Unterschied zwischen »Zirkel« und »halbe Bahn« ebenso wie das Gefühl für das Entlangreiten an der Bande und die Richtungsänderungen beim Durchreiten von Ecken von vornherein mit geübt werden.
③ Schulung des Gefühls für Geradeausreiten und gebogene Linien (wechselnd gebogen für Fortgeschrittene).

④ Schulung des »Fernsinnes« in allen drei Gangarten entlang der Bande, um Abweichungen des Pferdes sofort korrigieren zu können.

⑤ Schulung des Zeitgefühls in allen drei Gangarten auf immer wieder wechselnden Pferden, um die Strecke der kurzen und langen Seiten neben dem »zählenden« Durchreiten auch gefühlsmäßig abschätzen zu lernen.

⑥ Schulung des Reaktionsvermögens auf akustische Hilfen.

⑦ Schulung des Gefühls für die Reaktion des Pferdes (Fußfolge in der Bewegung, Fußstellung im Halten, Weichheit im Maul, Haltung des Halses, Äußerungen des Unwillens durch Verspannen der Muskulatur) und neben dem konkreten Üben auch mentales Training der eigenen Reaktion bei plötzlichen selbständigen Aktionen des Pferdes.

⑧ Einsatz aller psychischen und geistigen Kräfte zur Überwindung der Angst (Foto 23).

Angst spielt für das motorische Lernverhalten Blinder und Sehbehinderter beim Reitunterricht sicherlich eine noch größere Rolle als für jeden Anfänger; sie muß immer wieder von Neuem überwunden werden durch psychologische und methodische Hilfen – hierzu zählen auch hilfreiche Kenntnisse der Psychologie und Verhaltensweise des Pferdes –, vor allem aber durch ein echtes Maß an Selbstdisziplin und persönlicher Härte. Vor dem Reiten sollte aus diesen Gründen möglichst schon eine andere sportliche Tätigkeit, z.B. Leichtathletik oder Schwimmen ausgeübt worden sein.

Entgegen dem verzögernden Mehrbedarf an Zeit und Ruhe beim Reiten der Blinden steht ein Vorteil gegenüber dem nichtbehinderten Reitschüler: die ausgeprägte Fähigkeit zu feinster Einfühlung in die Verständigung mit dem Pferd! Vor dem Erlernen der regulären Zügelführung vermag der Blinde gleichsam mit »horchenden Händen« zu reiten; die Pferde quittieren diese reiterliche Einwirkung prompt mit eifrigem Kauen am Gebiß und ausgeglichenem, zufriedenem Gang. Auch das Eingehen in die Bewegung des Pferdes vollzieht sich im allgemeinen problemloser als bei vielen sehenden Reitschülern, was deutlich wird in der Beobachtung der Fähigkeit des blinden Reiters etwa beim Mitgehen über einem Sprung, der selbst optisch gar nicht wahrgenommen wird (Foto 24).

Foto 23: Blinde Reiterin in einer Abteilung.

Foto 24: Guter Stil einer blinden Reiterin beim Überwinden eines Hindernisses.

Diese grundsätzlichen Ausführungen ließen sich durch Darstellung geeigneter Techniken und methodischer Tricks ergänzen; dies ist Aufgabe der Zusammenarbeit mit Sonderlehrern in Blindenschulen. Beispielsweise kann das Ausmaß einer geforderten Richtungsänderung nicht nur durch die wörtliche Angabe, sondern auch durch die Anzahl der Wortwiederholung (»rechts, rechts, rechts«) oder die Lautstärke des Sprechens verdeutlicht werden. Mit den Reitschülern werden Absprachen über Einzelheiten getroffen. Als äußere Orientierungshilfe können zusätzlich akustische Signale eingesetzt werden: In der Reitbahn Lautgeber z.B. Metronome – an den Bahnpunkten in unterschiedlicher Tonfolge, Lautstärke oder Anbringungshöhe. Sie sollten jedoch nicht überbewertet werden, da sonst wesentliche Möglichkeiten, die vom Pferde selbst ausgehen, ungenutzt blieben. Wichtiger ist das Gefühl für Stellung und Biegung, aus der sich die Gesamtbewegungsrichtung und der Bewegungsablauf ablesen läßt. Das Pferd kann tatsächlich durch sein Sehen

den fehlenden Gesichtssinn seines Reiters weitgehend ausgleichen, allerdings auf andere Weise wie ein »Blindenhund«.

Bei Berücksichtigung dieser methodischen Gegebenheiten kann der Reitunterricht für Blinde und sehbehinderte Reiter die gesamte Reitausbildung für Dressur-, Spring- und Geländereiten einschließen. Häufig ist es günstig, wenn der Reitlehrer im Unterricht selbst beritten ist, wenn Führ- und Begleit- oder Handpferde eingesetzt werden – hierauf wird im Abschnitt Methodik noch gesondert eingegangen. Blinde erreichen Leistungsstufen, die sie auch Wettkämpfe erfolgreich bestreiten lassen, mit einer solchen Selbstverständlichkeit und Vertrautheit mit dem Pferd, daß ihre Behinderung von Außenstehenden oft gar nicht wahrgenommen wird – eine gelungene Realisierung des Zieles: Integration in völlig reguläre Gruppen!

C.2.2.2 Reiten mit Hörgeschädigten und Tauben

Manches aus der Problematik des Reitunterrichtes für sehbehinderte Reiter läßt sich auf die Methodik für Hörbehinderte übertragen. Die Kompensation erfolgt hier größtenteils über den Gesichtssinn, der nun seinerseits nicht »überstrapaziert« werden darf. Es führt unweigerlich zu Sitzfehlern, wenn der Reitschüler sich fortwährend seinem Lehrer zuwendet, um zu ihm zu schauen. Dieser sollte jeweils klar und zügig demonstrieren, dann aber Zeit für eine ungestörte Aus-

Anmerkung:
Inzwischen beginnt man theoretisches Unterrichtsmaterial in blindengerechter Form herzustellen: Buchauszüge in Großdruck und Blindenschrift, entsprechende Bögen für Abbildungen und Bahnfiguren sowie Texte auf Band gesprochen (Nachfragen an: Frau Ellnor Stern, Neuer Weg 8, 2083 Halstenbek und Bundesgeschäftsstelle des KthR in Warendorf).

führung belassen. Ist überhaupt keine akustische Verständigung möglich, so muß auf Schrifttafeln und Handzeichen ausgewichen werden. Die Bedeutung jeder einzelnen Geste muß klar erkennbar sein, und darf nicht durch zu schnelle Aufeinanderfolge verwischt werden.

Auch hier wurden bereits bewährte Zeichen entwickelt, ebenso spezielle methodische Hilfsmittel; wichtig ist ebenfalls die Absprache der Reitschüler mit ihrem Lehrer sowie der Besuch und die Beratung von Pädagogen an einer Sonderschule für Hörgeschädigte.

C.3 Geistige Behinderungen

Der Reitunterricht für lern- und geistig behinderte Schüler stellt ähnlich wie der für verhaltensauffällige und erziehungsschwierige Kinder in der Regel eine gezielte heilpädagogische Maßnahme dar. Sie erfordert daher einen Reitlehrer, der gleichzeitig die volle Ausbildung als Sonderpädagoge durchlaufen hat. Jeder Reitlehrer kann allerdings im Rahmen seiner Tätigkeit bei entsprechender Neigung und Aufgeschlossenheit, mit der nötigen Zusatzinformation und pädagogischem Geschick Mitarbeiter und Berater solcher Teams für heilpädagogisches Reiten und Voltigieren werden. Leichtere Formen der Intelligenzminderung können ihm auch i.S. der Mehrfachschädigung Körperbehinderter begegnen.

C.3.1. Medizinische Aspekte

Intelligenzdefekte sind – wie jede angeborene Behinderung – entweder *endogen* (chromosomal, z.B. Mongolismus, Langdon Down'-Syndrom), *metabolisch-genetisch* (Stoffwechselstörungen) oder *exogen* (durch Infektion während der Schwangerschaft oder Störungen bei der Geburt) verursacht. Dabei kann es zu einer Schädigung bereits des Keimes kommen (z.B. auch durch Strahlenschäden) oder des Embryos (z.B. durch Rh-

Unverträglichkeit oder Viruskrankheiten). Weitere Ursachen sind Geburtsschädigungen, frühkindliche Gehirnerkrankungen, Gehirnerkrankungen und Verletzungen im Kindes- oder auch im späteren Erwachsenenalter; dabei sind speziell die Hirnverletzungen und -erkrankungen häufig mit den dargestellten körperlichen Behinderungen kombiniert. Erwähnt sei auch das Phänomen von *temporären Anfallszuständen*, die sich als epileptische oder psychomotorische Anfälle äußern können. Obwohl Anfallskranke in sportlicher Hinsicht gut mobilisierbar sind, Belastungen mit Aktivität sogar die Anfälle verhindern können (die sowieso lediglich in der Erholung erfolgen), ist für eine sportliche, speziell reitsportliche Tätigkeit unbedingt die Assistenz eines Arztes erforderlich, der seine Zusage nur bei medikamentöser Beherrschung und nach längerer anfallsfreier Zeit geben wird.

Beeinträchtigungen der Intelligenz bedürfen zu pädagogischen Zwecken der Einteilung nach Schweregraden:
① *Grenzfall Pseudo-Debilität:* Das Erscheinungsbild der geistigen Behinderung wird lediglich durch Milieueinflüsse und abnorme Streßsituation hervorgerufen. Der IQ ist kleiner als 90, das Intelligenzalter größer als 14 Jahre.

② *Leichter Intelligenzmangel:* Der IQ ist größer als 80, das Intelligenzalter 10-14 Jahre.

③ *Mittlerer Intelligenzdefekt:* Hier liegt die Grenze zwischen lern- und geistig behinderten Kindern; ein Drittel der Betroffenen sind hirngeschädigt. Der Intelligenzquotient ist kleiner als 65 und das Intelligenzalter 5-10 Lebensjahre. Die Bildungsfähigkeit bezieht sich auf die Kulturtechniken oder praktische Ausbildung. Hierher gehört auch der Begriff der Imbezillität (geringe Bildungsfähigkeit).

④ *Schwerer Intelligenzdefekt:* Der IQ ist kleiner als 50, das Intelligenzalter geringer als 5 Lebensjahre, was kaum noch Möglichkeiten einer Bildung zuläßt (debil).

Innerhalb des gesamten heilpädagogischen Konzeptes soll über die Motorik das Nachvollziehen des normalen Entwicklungsganges, Reifungs- und Lernprozesses mit angestrebt werden. Ansatzpunkt ist dabei nicht der Schaden selbst, sondern das Beheben oder Kompensieren der Schadensfolgen: Organschwächen, motorische Minderleistungen und falsche Bewegungsmuster, Verhaltensstörungen und daraus resultierende sekundäre Intelligenzmängel. Während der Lernbehinderte noch relativ gute und motorische und rhythmische Fähigkeiten besitzt, die er allerdings aufgrund seiner geistigen Beeinträchtigung nicht ohne Hilfe voll ausleben kann, leidet der Hirngeschädigte zusätzlich unter konditionellen Mängeln und Schäden, die es aufzuholen bzw. in der Folge zu verhindern gilt. Eine weitere wichtige Aufgabe der Leibeserziehung geistig Behinderter stellt auch hier die Rehabilitation zur sozialen Integration dar. Ihre Didaktik und Methodik stellt ein eigenes heilpädagogisches System dar, hier soll lediglich auf Besonderheiten im Rahmen des Behindertensports 'Reiten' eingegangen werden.

C.3.2 Reiten bei geistigen Behinderungen

Der Reitsport stellt innerhalb des Angebots einer Sonderschule die besondere Form des Erlebnisunterrichtes dar: Das Lernen geschieht hauptsächlich auf der Grundlage konkret-sinnlich-ganzheitlicher Erfahrungen und Erlebnisse. Das Umfeld des Pferdes, der Unterricht am, mit und auf dem Pferd, bietet vielfältige Reize über alle Sinne, die den Aufbau von neuen, sachadäquaten und lebens-praktisch bedeutsamen Reaktions- und Verhaltensmustern erleichtern und einüben. Sie werden so stark empfunden und erlebt, daß sie aus den alltäglichen Erfahrungen herausragen und in das Bewußtseinsrepertoire der Schüler eingehen und so zu einer generellen Aktivierung und Weckung der Eigeninitiative führen können. Das deutliche Interesse der Schüler am Pferd, die starke emotionale Bindung und gute Motivation wird im Reitunterricht genutzt für das Erlernen von Fertigkeiten und Haltungen im sozialen, sprachlichen, motorischen und musisch-technischem Bereich, z.B.: Reaktionsfähigkeit, Interaktionsfähigkeit, Affektbeherrschung, Ansprechbarkeit, Sprachbereitschaft, Verfeinerung des Umgangs mit Gegenständen, räumliche Orientierung, Körperbeherrschung, Ertragen und Überwinden von Gefahren und Schwierigkeiten.

Die gesamte pädagogische Situation im Reitunterricht bietet Impulse für den Ausgleich von Schwächen und Fehlverhal-

tensweisen: z.B. Unsicherheit, Aufmerk-
samkeits- und Konzentrationsschwäche,
Willensschwäche, Desorientiertheit,
Koordinierungsschwäche, Hemmungen,
Ängste u.ä.

Eine erfolgreiche Fachmethodik setzt
kontinuierliches, störungsfreies, ruhiges
Unterrichten voraus, bei dem prinzipiell
alle Arbeitstechniken anwendbar sind.
Allerdings sollte die einmal gewählte Arbeitsform nicht zu oft und schnell ge-
wechselt werden. Ohne sich nur auf das
eigentliche Reiten zu beschränken, sollte
das gesamte Umfeld des Pferdes, z.B.
das ausgiebige Gehen und Laufen in
Anpassung an das Pferd in das Arbeits-
konzept miteinbezogen werden (vgl. Foto 25).

Foto 25: Voltigiergruppe geistig behinderter
Kinder.

44

Notizen

Der Reitlehrer

D.1 Pädagogische und psychologische Aspekte

Für seinen Einsatz im Behindertensport braucht der Reitlehrer neben guten fachlichen Kenntnissen und Fertigkeiten Verständns für körperliche und seelische Vorgänge sowie für pädagogische Probleme. Dem soll ein kurzer Einblick in Pädagogik und Psychologie Rechnung tragen.

Der Vorgang »Reitenlernen« kann als motorischer Lernprozeß verstanden werden, der in drei gesetzmäßigen Phasen abläuft:

① Sammlung von Bewegungserfahrungen, mehr unbewußtes Handeln, Grobkoordination.

② Erlangung von Bewegungsfertigkeiten, bewußte Zuwendung, zunehmende Feinkoordination.

③ Festigung, Stabilisierung und Anpassung dieser Bewegungsfertigkeiten, Korrektur und Feinformung, evtl. auch Automatisierung und Leistungsform.

Der methodische Aufbau des Reitunterrichts für Behinderte führt vom Einfachen zum Schweren und von der Entlastung zur Belastung; er bringt Neues in einzelnen kleinen Schritten, die auf Bekanntes oder Gekonntes aufbauen. Beim Auftreten von Schwierigkeiten sollte eine Rückführung der Anforderung oder ein Ausweichen auf andere Anforderungen möglich sein; bei Leistungszuwachs eine gezielte Steigerung. Dazu einige praktische Beispiele:

1. *Linienführung*
a) vom Reiten auf geraden,
b) auf gebogenen,
c) zum Reiten auf wechselnd gebogenen Linien;
2. *Bodenbeschaffenheit*
a) Vom Reiten auf ebenem,
b) zum Reiten auf unebenem Boden (Cavalettis, Gelände);
3. *Gangarten, Tempo, Stellung und Biegung des Pferdes*
a) Vom Reiten im Schritt, zum Trab, zum Galopp »im Gebrauchstempo« (Grundgangarten);

b) zum Reiten der Gangarten in exakten Tempos (versammeltes Tempo, Arbeitstempo, Mitteltempo, starkes Tempo),
c) vom Reiten auf geradegestelltem Pferd zum Reiten in leichter Stellung und Biegung, zum Reiten in Höchstlängsbiegung.

Diese Überlegungen muß der gesamte Unterrichtsaufbau einbeziehen; hinzu kommt die Einteilung in Phasen der Belastung und Entlastung, der Spannung und Entspannung sowie die Wahl der Unterrichtsmittel z.b. sprachliche Form (Anweisung, Zuruf, Kommando) oder praktische Demonstration oder theoretische Unterweisung mit Bild und Filmmaterial. Wichtig ist der geeignete Standort und Blickwinkel des Ausbilders, auch um ein mögliches Unfallrisiko abschätzen und ggf. rechtzeitig eingreifen zu können.

Eine Unterrichtsplanung wird besonders schwierig und ist daher besonders wichtig, wenn es sich beim Behindertenreiten aus Belastungs- oder Konzentrationsgründen um die sehr kurze Unterrichtseinheit von zunächst 20-30 Minuten handelt. Es empfiehlt sich deshalb die schriftliche Ausarbeitung von Unterrichtseinheiten die neben den methodischen Überlegungen auch Daten über Art und Ausbildungsstand des behinderten Reitschülers enthalten sollten, wie Aufzeichnungen über die Kontrolle des Unterrichtserfolges.

Der Reitlehrer braucht ein besonders großes Einfühlungsvermögen für das Pferd und seinen behinderten Reiter sowie pädagogisches Geschick. Das Einfühlungsvermögen beinhaltet auch die Fähigkeit, das Situationserlebnis des Behinderten in gewissem Sinne mitzuempfinden, realistisch und ohne Sentimentalität, denn dieses tiefe psychologische Geschehen ist schwer zu erfassen und für Außenstehende nur unzureichend nachvollziehbar. Der Reitlehrer muß dabei in der Lage sein, selbst im Hintergrund zu bleiben, um dem Reiter einen direkten, unmittelbaren Kontakt und Bezug zum Pferd zu ermöglichen. Von der Peripherie aus ist er mehr der Vermittler und Katalisator für das ungestörte Zustandekommen dieser Beziehung, wenn er beispielsweise das Verhalten des Pferdes erläutert oder pädagogisch nutzt. Gerade dabei muß er sich jedoch vor jeder verniedlichenden Überinterpretation oder Banalisierung hüten, um diese so wesentliche Beziehung zwischen Reiter und Pferd nicht abzufälschen. Er muß weiter in der Lage sein, die anfängliche oder auch später wieder aufkeimende Angst abzubauen und zu bewältigen, die immer erneute Selbstüberwindung des Reitschülers zu unterstützen und in der Folge beglückende Erfolgserlebnisse zu vermitteln, die dazu beitragen, Hemmungen und Verkrampfungen zu beseitigen und das Selbstbewußtsein und Selbstwertgefühl zu steigern. Mit diesen hohen Anforderungen stellt eine Lehrtätigkeit im Reiten als Sport für Behinderte ganz sicher eine besonders anspruchsvolle und lohnende Aufgabe dar.

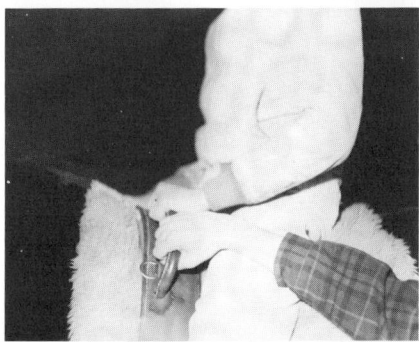

D.2 Helfen und Sichern

Hilfe- bzw. Sicherheitsstellung wird dem Reitschüler ebenso wie seinem Pferd zuteil, um jedes Unfallrisiko auszuschalten, die reiterliche Einwirkung sicherzustellen und die turnerischen oder Voltigierübungen gelingen zu lassen.

Dabei bedeutet »*Helfen*« den fortlaufenden, direkten Griffkontakt mit dem Übenden bei aktiver Unterstützung des Bewegungsablaufes und ggf. aktives Einwirken auf das Pferd zur Unterstützung oder anstelle des Reitschülers.

Beim »*Sichern*« dagegen wird die Tätigkeit des Schülers und des Pferdes nur begleitet, jedoch in dauernder Bereitschaft zum helfenden Eingreifen.

Beides setzt genaueste Kenntnis des geforderten Bewegungsablaufes, geschickte Anpassung, gegenseitiges Vertrauen und unbedingte Konzentration voraus.

Wenige Griffe genügen, die allerdings bis zur Perfektion beherrscht werden müssen und am besten unter Mitwirkung eines erfahrenen Sportlehrers gelernt und geübt werden sollten:

① *Der Stützgriff* als Kammgriff (Foto 26) oder Ristgriff (Foto 27): Beide Hände des Helfers umfassen stützend z.B. den Oberarm oder die Hüfte des Übenden; oder – in der erweiterten Form – ein zusätzliches Torsionsmoment abstützend über ein oder gar zwei Gelenke z.B. in der Achsel und am Handgelenk (Foto 28).

Foto 26 oben: Stützgriff: Kammgriff.
Foto 27 mitte: Stützgriff: Ristgriff.
Foto 28 unten: Grundform des Stützgriffes.

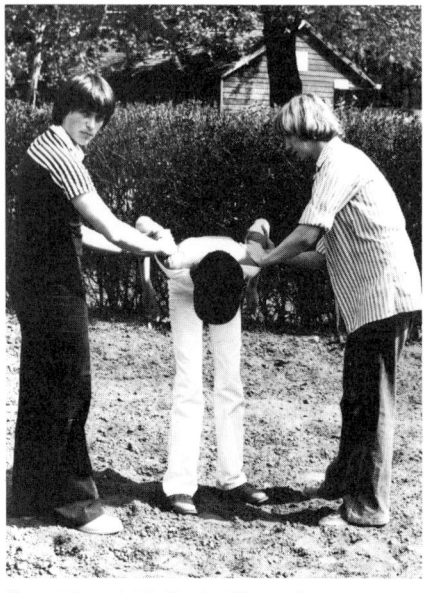 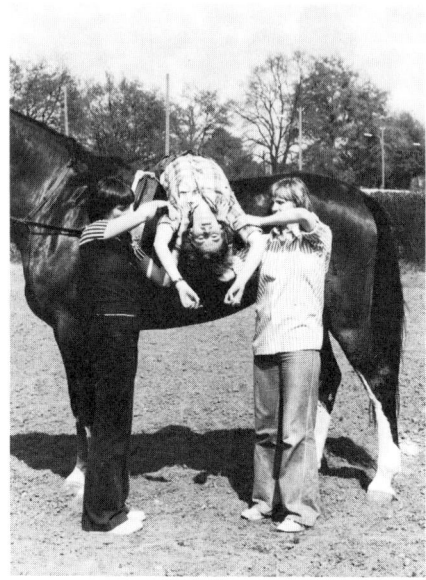

Foto 29 und 30: Drehgriff: vowärts.

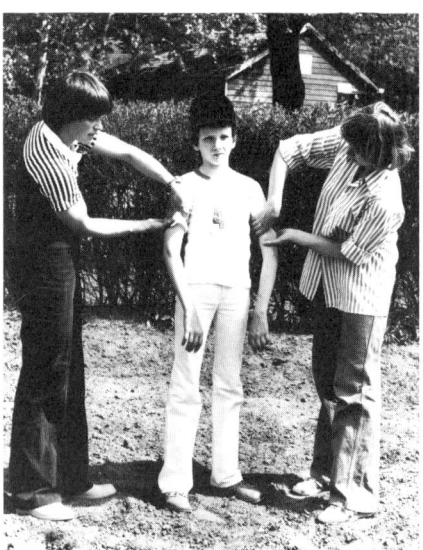 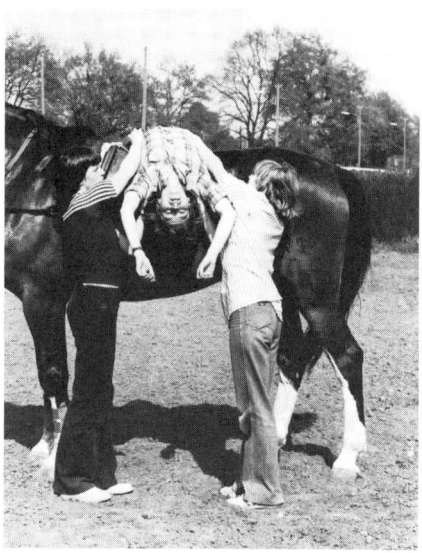

Foto 31: Drehgriff: rückwärts.   **Foto 32:** Drehgriff: erweiterte Form vorwärts.

Foto 33: Sichern zu Pferde: an der Hüfte.

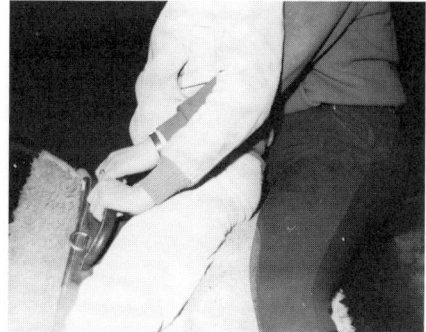

Foto 35: Sichern zu Pferde: über Unterarm und Oberschenkel des Schülers mit am Voltigiergriff.

Foto 36: Sichern zu Pferde: ggf. mit Sicherung des Faustschlusses vom Reitschüler.

Foto 34: Sichern zu Pferde: an der Schulter.

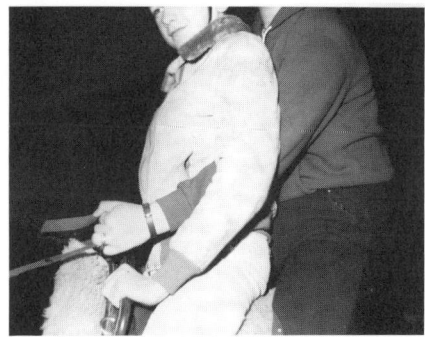

Foto 37: Sichern zu Pferde mit Zügelführung.

② *Der Drehgriff* vorwärts (Foto 29 und 30) und rückwärts (Foto 31): Der Ansatzpunkt ist wieder mit beiden Händen am gleichen Ort, z.B. Oberarm oder Hüfte des Übenden, jedoch eine Hand von vorn und eine von hinten, dabei muß die geplante Bewegungsrichtung hebelartig zu unterstützen sein. Auch hier gibt es die erweiterte Form über mehrere Gelenke (Foto 32).

Aus diesen Grundformen lassen sich alle Helfergriffe für das Auf- und Absitzen, Sichern auf dem Pferde und in der Bewegung entwickeln.

Bei schwerstbehinderten oder sehr ängstlichen Reitschülern kann der Helfer zumindest im Anfang oder bei neuen Anforderungen auch hinter dem Übenden mit auf dem Pferd sitzen. So kann er die Seitenstabilität ebenso sichern, wie er das nach vorn oder hinten Überfallen vermeiden und das »Einpassen« in die Bewegung des Pferdes erleichtern kann (Foto 33 bis 37).

Sonst genügt der begleitende Helfer zu Fuß; er hilft und sichert durch Griff in einem immer zu empfehlenden kräftigen Gürtel an der Hüfte (ggf. leihweise bereithalten und sogar mit einem weichen Ledergriff ergänzen; allerdings nie feste Platten wegen der zusätzlichen Verletzungsgefahr; vgl. Abb. 14) oder durch Andrücken des Oberschenkels ans Pferd (fest durch Kamm-, weniger fest durch Ristgriff) ggf. kombiniert mit Unterstützung des Unterschenkels oder Fußes des Reiters (Foto 38; weitere Beispiele siehe unter E).

Der Vorteil dieser Form des Helfens und Sicherns liegt in den Möglichkeiten der jederzeitigen individuellen Anpassung und Dosierung sowie der Kombination mit

Foto 38: Grundstellung für Helfen und Sichern in der Bewegung.

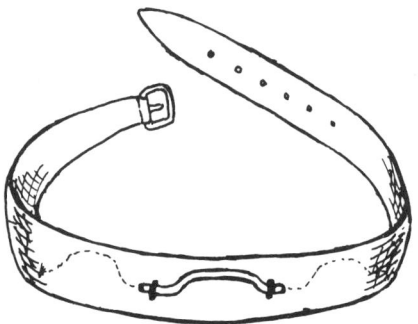

Abb. 14: Kräftiger, weicher Gürtel mit Festhaltegriff im Rückenteil; ggf. können die Griffe als Schlaufen auch rundherumlaufen.

persönlicher Nähe und Zuspruch. Der Erfolg hängt jedoch entscheidend vom Können und der Aufmerksamkeit der Helfer und einer guten Teamarbeit ab. Um den Reitschüler nicht unnötig einzuengen, gilt als

▶ **Regel:** *So viel wie für den Erfolg und die Absicherung des Unfallrisikos nötig; so wenig wie für die Selbständigkeit und Eigentätigkeit des Reiters möglich.*

Damit ist auch die eindeutige Überlegenheit gegenüber allen mechanischen Sicherungen deutlich: Zwar können Sicherungsleinen mit Rundlauf an der Decke gelegentlich nützlich sein, stellen jedoch auch eine weitere Verletzungsquelle dar. Eindeutig abzulehnen sind alle festen Verbindungen ans Pferd. Hier gilt der

bewährte Grundsatz: Der Reiter muß sich beim Sturz vom Pferd lösen können!

Abschließend sei noch auf die *Sicherheitsstellung am Pferd* eingegangen, die ungewollte Tempo- oder Gangwechsel oder gar ein Scheuen des Pferdes abfangen soll: Hierher gehören alle noch zu erläuternden Arbeitstechniken, bei denen das Maß der Einwirkung allmählich auf die bloße Bewegungsbegleitung reduziert wird (z.b. hängt der Führzügel durch und wirkt nur im Notfall ein) oder schließlich die direkte Verbindung aufgegeben und das Pferd nur noch in mehr oder weniger großem Abstand begleitet wird. *Die Hilfestellung am Pferd* ergänzt oder ersetzt die fehlenden oder unzureichenden reiterlichen Hilfen des Reiters (z.B. beim Treiben oder Abwenden).

D.3 Die Helfer

Da der Reitlehrer allein diesen Aufgaben nicht gerecht werden kann, müssen Helfer eingesetzt werden. Sie finden sich im Kreise seiner Reiter, insbesondere der Jugendlichen oder auch der Angehörigen und Betreuer seiner behinderten Reitschüler. Ihre Ausbildung erfolgt möglichst im eigenen Team, in speziellen Übungsstunden, am besten unter Mitwirkung eines im Behindertensport erfahrenen Sportlehrers. Gerade die Zusammenarbeit im Team muß vorgeübt und »aufeinander eingespielt« werden, dann stellt diese Tätigkeit ein gutes Beispiel für gemeinsame Aktivitäten von Behinderten und Nicht-Behinderten dar, bei denen ein gegenseitiger Lernprozeß das Verständnis für die Persönlichkeit und Leistungsfähigkeit des anderen weckt, ebenso wie die Einübung des Umgangs und der angemessenen Hilfestellung miteinander.

Nach der Arbeit direkt am Pferd geben die folgenden Skizzen gute Standorte an, von denen aus die Helfer beim ersten selbstständigen Abteilungsreiten tätig werden können: (Abb. 15 a, b, c)

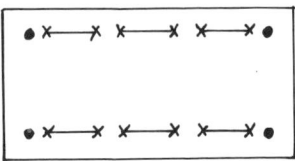

Abb. 15a: Auf den langen Seiten verhindern Cavalettis oder Strohballen das Ausbrechen, die Endpunkte und kurzen Seiten werden von Helfern abgesichert.

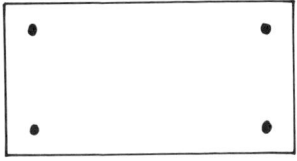

Abb. 15b: Später kann auf die Cavalettis verzichtet werden, in jeder Ecke bleibt jedoch ein Helfer in Bereitschaft, der außerdem das tiefe Ausreiten der Ecke unterstützen kann.

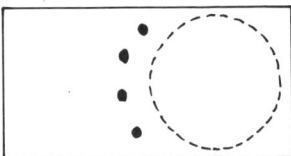

Abb. 15c: Wenn auf dem Zirkel geritten wird, kommen die Helfer in die Bahnmitte, um die offene Zirkelseite abzuschirmen.

Aus der Grundausbildung

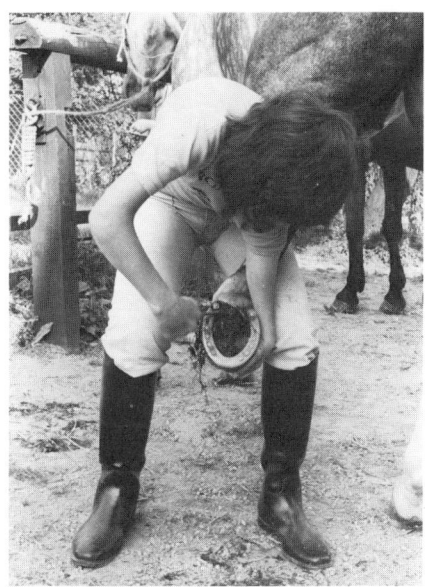

Foto 39 und 40: Bei der Pferdepflege.

E.1 Kennenlernen und Betreuen des Pferdes

Wie wichtig schon der allererste Kontakt des Reitschülers zum Pferd für die Grundlegung eines Vertrauensverhätnisses ist, wurde schon mehrfach angesprochen (vgl. C.2 und D.1). Bei jedem Reitanfänger ist zunächst Angst vor dem Tier mit im Spiel – mehr oder weniger ausgeprägt und versteckt. Diese Angst gilt es zu überwinden durch Wissen, Verständnis, Fertigkeiten und Gewöhnung. Das geschieht am besten durch häufige Begegnung mit geeigneten Pferden, *ohne* gleich heraufzuklettern; also Stallbesuche, Zuschauen beim Reitunterricht oder Training, insbesondere aber durch Mithilfe bei der Betreuung. Gerade der Umgang mit Pferden (Füttern, Putzen, Pflegen vor und nach dem Reiten) kann dem Reitschüler viel an Sicherheit, Selbstverständnis und Zutrauen sowie praktische und theoretische Fertigkeiten vermitteln. Das setzt allerdings charakterlich einwandfreie und daran gewöhnte Pferde ebenso voraus, wie die Aufsicht und Anleitung durch einen Fachmann. Leider kommt dieser Ausbildungszweig heute aus organisatorischen Gründen (Personal- und Zeitmangel) in vielen Reitschulen zu kurz – bei behinderten Reitschülern kann allerdings aus den genannten Gründen nicht darauf verzichtet werden.

Hier findet der Behinderte darüberhinaus viele Möglichkeiten zu körperlicher Tätigkeit (je nach Können und Belastbarkeit), und psychologisch von großer Bedeutung ist, daß nun einmal *er selbst* − trotz und mit seiner Behinderung − derjenige ist, der anderen Fürsorge zuteil werden lassen, der »etwas geben« kann (vgl. Foto 39 bis 42).

Foto 41: Auftrensen.

Foto 42: Führen »gegenseitig«.

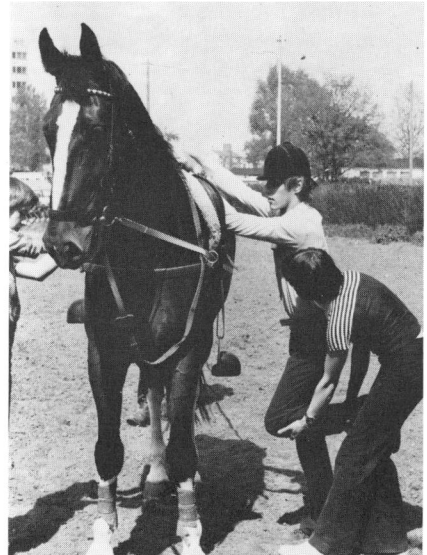

Foto 43: Einfache Hilfestellung zum Aufsitzen.

Foto 44: Der Reiter muß zunächst hoch hinauf, dann ist das »In-den-Sattel-gleiten« einfacher.

E.2 Aufsitzen

E.2.1 Das selbständige Aufsitzen

Das selbständige Aufsitzen wird in jeder Reitlehre ausführlich beschrieben und sei hier nur stichwortartig angeführt: Standort im Bereich der Pferdeschulter mit Blickrichtung zum Schweif, die linke Hand greift mit aufgenommenen Zügeln (den rechten etwas kürzer) an den Mähnenkamm, den Festhalteriemen oder in die Sattelkammer; die linke Hand dreht den Steigbügel (ggf. verlängert) zum Reiter hin und schiebt ihn auf den rechten Fuß, dann greift sie quer über den Sattel in den Winkel zwischen Sitzfläche und Sattelblatt, kräftiger Abdruck mit gleichzeitiger Drehung vom rechten Bein (Vorsicht mit der linken Fußspitze am Pferdekörper!); beide Arme helfen mit, dabei muß die rechte Hand nach vorne umgreifen, damit das rechte Bein gestreckt frei über die Kruppe des Pferdes geschwungen werden kann und der Reiter weich (!) in den Sattel gleitet.

Es ist immer günstig, wenn auf der anderen Seite ein Helfer im Steigbügel kräftig »gegenhält« um die Wirbelsäule des Pferdes zu schonen, insbesondere wenn der Vorgang länger dauern sollte. Außerdem kann so das seitliche Ausweichen des Pferdes verhindert werden.

E.2.2 Einfache Hilfestellung

Bequemer für den Reiter und für viele Behinderte völlig ausreichend ist es, wenn die Aufstiegshöhe durch einen Helfer überbrückt wird: Standort und Handhaltung wie bei E.2.1; das rechte Bein hängt gerade (!) aus der Hüfte herab mit angewinkeltem Unterschenkel (in dieser Stellung kraftvoll gegenhalten und nicht etwa den Unterschenkel nur hochdrücken lassen (Foto 43).

Foto 45: Helfen beim Aufsitzen mit Abstützen des Oberkörpers bei fehlendem Armstütz.

Reiter und Helfer passen durch kurzes Zählen einander an („eins, zwei – und hopp!"); bei „hopp" erfolgt kräftiger Abstoß vom rechten Bein und Ziehen der Arme durch den Reiter, der Helfer nützt den Schwung aus und hebt den Reiter weit nach oben, damit er von dort aus spreizen und in den Sattel gleiten kann. Fehlerhaft ist das zu frühe Abwinkeln des rechten Beines (Foto 44).

Diese Hilfestellung ist auch günstig für armbehinderte Reiter, bei denen allerdings der Oberkörper zusätzlich abgesichert werden muß (Foto 45). Auch hierbei ist die Mitwirkung eines zweiten Helfers auf der anderen Seite von Nutzen.

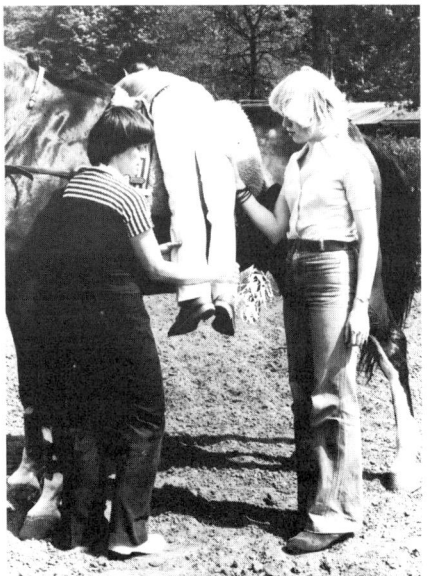

Foto 46 und 47: Hilfestellung für das Aufsitzen eines Schwerbehinderten. 1. Phase: Bis zur Bauchlage quer über dem Pferd.

*E.2.3 Aufsitzen eines Schwerbehinderten
ohne Hilfsmittel*

Selbst wenn keine speziellen Aufstiegs-
hilfen zur Verfügung stehen, können drei
Helfer auch einen Schwerbehinderten zu
Pferde setzen. Dies geschieht in 3 Pha-
sen, innerhalb derer jeweils eine kurze
Pause belassen werden sollte, um dem
Reiter Gelegenheit zu geben, sich auf die
neue Situation einzustellen und den
Kreislauf zu stabilisieren:

① *Phase* (Foto 46 und 47): Der Reiter
faßt nach Möglichkeit mit beiden Händen
in Griffe oder Sattelzeug und hilft ziehend
mit, sonst bleibt er passiv bei gestreckter
Körperspannung. Zwei Helfer fassen im
Stützgriff je einen Unterschenkel dicht
unterhalb des Knies und heben so den
Übenden bis zur Bauchlage quer auf das
Pferd. Der 3. Helfer sichert auf der anderen Seite, schützt ggf. das Gesicht des
Übenden und spricht beruhigend oder
aufmunternd mit ihm (Foto 48 und 49).

② *Phase:* Auf beiden Seiten stützen die
Helfer in der Hüfte ab und heben die
gestreckten Beine etwas an, um den Reiter in die Bauchlage längs auf den Pferderücken zu drehen (Foto 50 und 51).

③ *Phase:* Beide Helfer greifen mit einer
Hand an den Knöchel oder unter den Fuß,
mit der anderen unter die Hüfte des Reiters, dadurch kann eine Hebelwirkung
nach vorn/oben ausgeübt werden, die
den Übenden in den Reitsitz aufrichtet;
dabei hoch genug anheben, insbesondere wenn bereits mit Sattel geritten wird.
Der Reiter kann durch Armzug aktiv unterstützen (Foto 52 und 53).

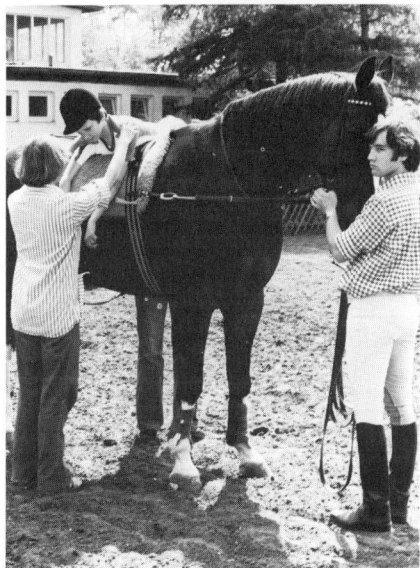

▶ Bereits an dieser Stelle sei erwähnt,
daß *das Absitzen* bei dieser Form sinnge-
mäß in umgekehrter Reihenfolge erfolgt.
In der letzten Phase werden dabei durch

Foto 48 und 49: Sicherheitsstellung auf der
Außenseite.

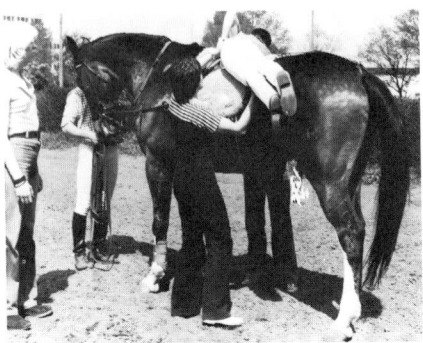 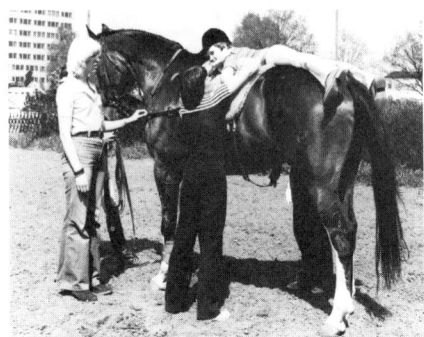

Foto 50 und 51: 2. Phase: bis zur Bauchlage längs auf dem Pferd.

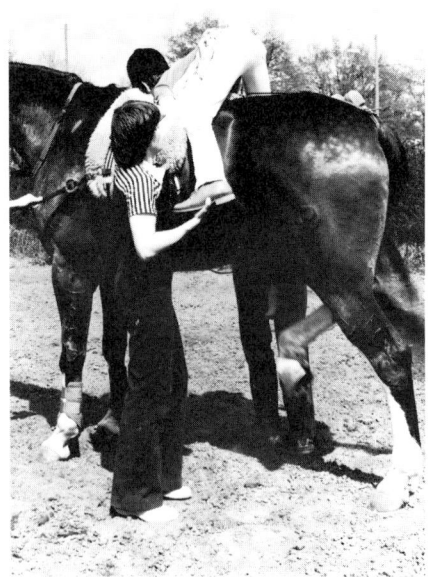 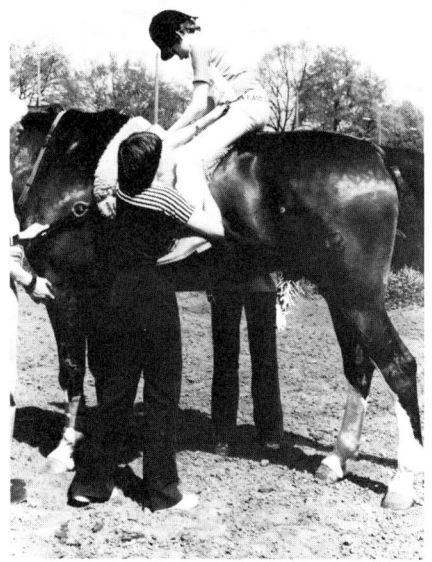

Foto 52 und 53: 3. Phase: bis in den Reitsitz.

Foto 54: Selbständiges Aufsitzen mit Treppchen oder Hocker: Der rechtsseitig oberschenkelamputierte Reiter schwingt sich durch beidarmigen Stütz (rechte Hand auf dem Widerrist des Pferdes / linke am Gehstock) zum Stand auf den Hocker. U. U. kann auch eine Hilfsprothese „Badeboy" benutzt werden.

Foto 55: Dann läßt er den Gehstock zu Boden gleiten, wendet sich dem Pferd zu, stützt beidarmig (vorne und hinten am Sattel) und schwingt sich so in den Reitsitz.
Der Helfer stünde auch hier besser auf der rechten Seite des Pferdes, mit rechter Hand am Zügel und linker in Bereitschaft zum Zufassen oder Absichern des Pferdes.

ein oder zwei Helfer energisch beide Oberschenkel oder die Hüfte des Reiters abgestützt, um ihn sanft in den Stand gleiten zu lassen.

E.2.4 Aufsitzen mit Treppchen oder Hocker

Wenn irgend möglich, soll der Reitschüler selbständig agieren! Dazu genügt häufig das bereits erwähnte Verlängern des Steigbügels; oder aber der Ausgleich des Höhenunterschiedes erfolgt durch ein Treppchen oder Hocker (Foto 54 und 55).

E.2.5 Aufsitzen mit Rampe

Beste Bedingungen für Reiter und Helfer gewährleistet die bei der Ausstattung einer behindertengerechten Reitanlage schon vorgestellte einfache oder doppelte Rampe (vgl. Foto 56 - 59).

E.2.6 Aufsitzen über den Seitsitz

Vielen Reitern, die Schwierigkeiten beim Abspreizen und -winkeln der Beine haben (Adduktorenspasmus) ist nach dem Vordehnen das Aufsitzen über den Seitsitz am angenehmsten: Vom Boden, oder besser von der Rampe aus wird der Reiter von einem Helfer dabei zunächst bis in den Innenseitsitz (Damensitz) auf die Schulter des Pferdes gehoben (Foto 60), dann erst wird das äußere Bein über den Hals des Pferdes geschwungen, dabei kann der Reiter selbst oder ein hinter ihm sitzender Helfer unterstützen (Foto 61).

▶ Die Spreizsitzhaltung des Reitsitzes mit tiefer Knielage kann erst über allmähliche Lockerung des Spasmus eingenommen werden. Zunächst sollte der Reiter möglichst weit vorne (weil schmaler) und »stuhlsitz-artig« verharren und in dieser Position durch die Schrittbewegung des Pferdes gelockert werden (vgl. Foto 62).

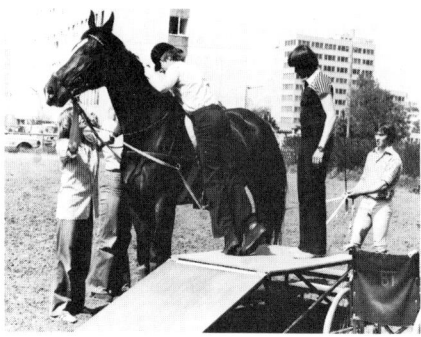 

Foto 56: Das Auf- und Absitzen mit Rampe kann weitgehend selbständig erfolgen, lediglich unter Sicherung und gelegentlicher Assistenz durch den Helfer.

Foto 57: Hier wird der Fuß des Reiters im Bügel fixiert durch Druck auf die Fußspitze nach unten.

Foto 58 und 59: Hier wird das Zurückgleiten in den Rollstuhl abgefedert und dirigiert.

E.2.7 Aufsitzen von der rechten Seite

Üblicherweise erfolgt das Auf- und Absitzen von der linken Seite des Pferdes aus, jedoch ist bei vorliegender Behinderung immer auch daran zu denken, daß es möglicherweise günstiger von der anderen Seite her geschieht. Dabei sind alle geschilderten Formen anwendbar; allerdings müssen alle Beteiligten, insbesondere das Pferd, daran gewöhnt werden.

Foto 60, 61 und 62: Aufsitzen über den Innenseitsitz.

E.3 Absitzen

E.3.1 Das selbständige Absitzen

Bei den einzelnen Hinweisen für das Aufsitzen wurde teilweise das Absitzen gleich miterwähnt, deshalb seien hier nur noch allgemeingültige Regeln angeschlossen.

Beim selbständigen Absitzen hält der Reiter Zügelverbindung mit dem Pferd, stützt sich mit beiden Armen zunächst vorne an den Pauschen ab und nimmt den rechten Fuß aus dem Bügel, um nun das rechte Bein frei über die Kruppe des Pferdes zu schwingen. Nun erfolgt der Armstütz vorne und hinten am Sattel, dabei wird auch der zweite Fuß aus dem Bügel genommen (!), um sodann weich in den Stand zu gleiten. Es sei ausdrücklich daraufhingewiesen, daß es gefährlich ist, den Fuß im Bügel zu belassen!

E.3.2 Flanke

Die Flanke ist gleichsam die turnerische, schwungvolle Ausführung von E.3.1: Mit beidarmigem Stütz vorne an den Sattelpauschen werden beide Füße aus dem Bügel genommen, die gestreckten Beine nach hinten über die Kruppe des Pferdes zusammengeschwungen und dann unter leichter Hüftdrehung geschlossen zum seitlichen Stand abwärts geschwungen.

E.3.3 Absitzen über den Hals

Gelegentlich ist es bequemer, wenn das äußere Bein (bei bestimmten Behinderungen ggf. das innere Bein) vorne über den Hals in den Innen- oder Außenseitsitz geschwungen wird, ehe der Reiter mit halber Drehung zum Pferd hin in den Stand abrutscht (Foto 63, 64). Diese Drehung in die gleiche Blickrichtung wie die des Pferdes ist bei allen

Foto 63 und 64: Absitzen; das Bein wird über den Hals (oder die Kruppe) geschwungen, beim Armstütz müssen *beide* Füße aus den Bügeln sein (sonst Gefahr des Hängenbleibens!).

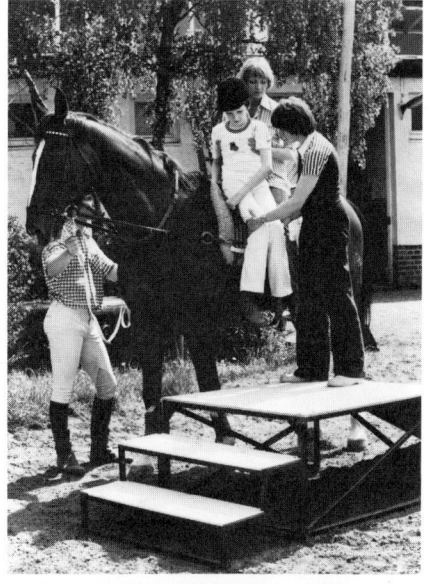

Arten des Absitzens wichtig, da so der Reiter eine mögliche Bewegung des Pferdes gleich abfangen oder sich anpassen kann, ohne das Gleichgewicht zu verlieren oder nach hinten zu fallen. Aufgabe des Helfers ist es, diese Drehung zu unterstützen (Foto 65, 66, 67) oder – sollte sie nicht möglich sein – das Zurückneigen des Oberkörpers zu verhindern (Foto 68). Ohne Rampe muß der Helfer außerdem die Fallhöhe des Pferdes abmildern, dabei ist gute Bewegungsanpassung erforderlich (Foto 69, 70, 71).

▶ Wichtig ist, daß der Kontakt zum Pferd bzw. seine Kontrolle nie unterbrochen werden darf; sollte der Reiter das nicht selbst sicherstellen können, so muß ausdrücklich ein Helfer mit dieser Aufgabe betraut werden.

Foto 65, 66 und 67: Beim Absitzen erfolgt Drehung in die Blickrichtung des Pferdes

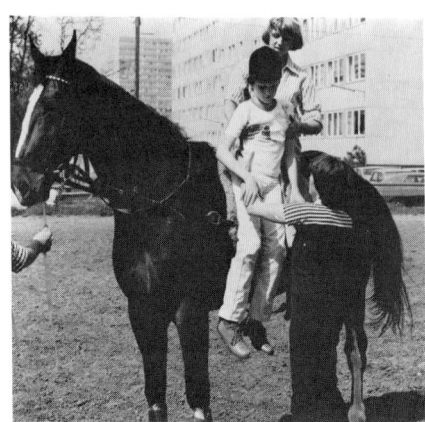

Foto 68: Das Zurückfallen des Oberkörpers muß verhindert werden.

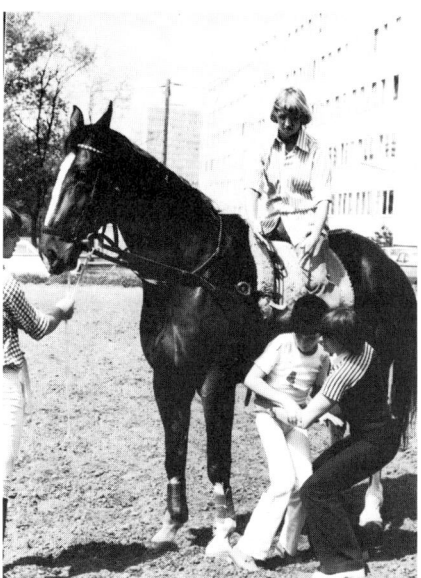

Foto 69, 70 und 71: Die Fallhöhe wird in guter Bewegungsanpassung abgemildert.

E.3.4 Abgänge

Erwähnt werden sollen auch turnerische Übungen des Absitzens wie federnder Niedersprung aus dem Stehen, Rolle rückwärts, Überschlag seitwärts, oder Abrutschen und Bocksprung über die Kruppe; darauf wird innerhalb der Gewöhnungsübungen näher eingegangen.

E.4 Zu Pferde

E.4.1 Gewöhnungsübungen

Jeder Reiter kennt das: Sitzt man erst einmal hoch oben auf dem Pferd, so scheint das meiste gewonnen! Vor den vermeindlichen Gefahren, die von Zähnen und Hufen des Pferdes rühren, hat man sich erst einmal in Sicherheit gebracht. Doch wie falsch wäre es, nun gleich mit einer Fülle von Sitzkorrekturen und Anweisungen zu beginnen. Zunächst einmal muß das Vertrautwerden mit dem Pferd weitergehen: Der Reitschüler soll sich auf dem Pferderücken tatsächlich »wie zu Hause fühlen«; nur so kann jene »Losgelassenheit« gewonnen werden, die Voraussetzung ist für einen korrekten Sitz und korrekte Einwirkung auf das Pferd.

Gerade der behinderte Reiter braucht für diese erste Phase viel Zeit, in der er das Erlernte in immer wechselnden Situationen und Bedingungen erweitert, vertieft und festigt: Unterschiedliche Ausrüstung des Pferdes (Reiten mit Therapie- oder Voltigiergurt, zunächst auf der Lammfell-decke, später dem blanken Pferderükken, dann mit Sattel) und all die verschiedenen noch zu schildernden Arbeitstechniken. Eine gute Gewöhnungsübung stellt generell das Reiten mit Partner dar, da so die Anpassung nicht nur an das Pferd, sondern auch an den Mitübenden gefordert wird. Das kann sogar auf ungesatteltem Pferd durchaus gelegentlich in Form eines Ausrittes geschehen (Foto 72).

Zunächst aber dienen diesem Gewöhnungsziel die folgenden *Übungsbeispiele*, die außerdem auch gymnastizierende, entspannende oder kräftigende Wirkung haben und gleichzeitig reiterliche Grundfertigkeiten wie Schenkellage, Knieschluß, Geschmeidigkeit in der Mittelpositur, Balance und Anpassung schulen und fördern.

① *Kontaktaufnahme* mit dem Pferd durch Sprechen, Streicheln und Klopfen an allen erreichbaren Körperpartien. Bei großer Angst oder schwerer Behinderung kann ein Helfer hinter dem Reiter aufsitzen (Foto 73).

Foto 72: Ausritt zu zweit auf einem Pferd; Anpassung an Pferd, an den Partner und das Gelände!

Foto 73: Ein Helfer unterstützt zu Pferde, hier ein behinderter Reiterkamerad.

Foto 74: Vorhalte.

② Reiten mit den Armen in Vorhalte (Foto 74).
③ Reiten mit den Armen in Seithalte (Foto 75).
④ Reiten mit den Armen in Hochhalte (Foto 76).

▶ Mit den Beispielen 2 bis 4 hat der Reitlehrer gleichzeitig eine gute Kontrolle über mögliche Haltungsschwächen des Reitschülers bzw. seine Kraft und Koordinationsfähigkeit, wenn diese Übung auch in der Bewegung mehrere Sekunden lang ohne Absinken durchgehalten werden soll. Zur Schulung der Koordinations- und Konzentrationsfähigkeit kann sie auch auf Zahlen hin in schnellem Wechsel durchgeführt werden.

⑤ Erweitert und erschwert werden die Übungen 2 bis 4, wenn sie zusätzlich mit

Foto 75: Seithalte.

Foto 76: Hochhalte.

Foto 77: Armkreisen mit gewinkelten Armen.

Rumpfdrehungen um die Längsachse kombiniert oder in schnelleren Gangarten ausgeführt wird.

⑥ *Armkreisen* – vorwärts oder rückwärts (intensiver). Gestreckte oder gewinkelte Arme (dabei berühren die Fin-

gerspitzen die Schulter (Foto 77). Ebenfalls kombiniert mit Rumpfdrehungen oder in schnelleren Gangarten möglich.

⑦ *Auf den Hals* (Foto 78, 79)/ *auf die Kruppe legen* (Foto 80, 81); jeweils vorwärts und/oder rückwärts: vorwärts auch mit Drehung und Gewichtsverlagerung – rückwärts ist das Hohlkreuz zu vermeiden.

⑧ *Rückwärtssitz* (»Reitsitz verkehrt«) als eigene Übung auch in allen Gangarten möglich oder in Verbindung mit »auf die Kruppe legen« (vgl. Foto 80). Wegen des Druckes in der Flankengegend reagieren empfindliche Pferde zunächst unruhig, daher sollten Helfer diese Regionen mit ihren Unterarmen abpolstern (Foto 82); später kann der Reitschüler durch extreme Vorlage des Oberkörpers die Beine möglichst nah an den Gurt zurück-

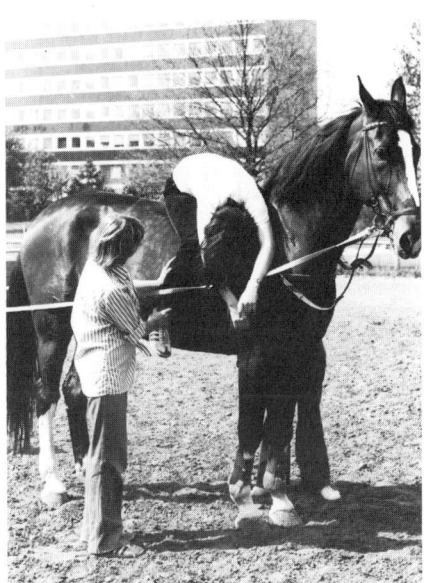

Foto 78 und 79: Auf den Hals legen, auch mit leichter Drehung.

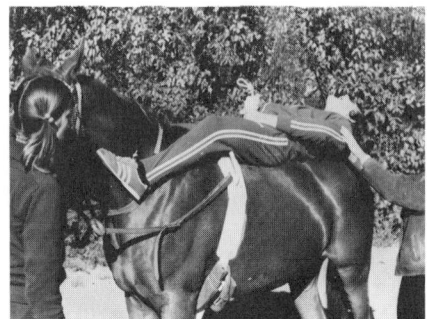

Foto 80 und 81: Auf die Kruppe legen, vorwärts und rückwärts (nicht bei Hohlkreuz).

drücken. In dieser Sitzhaltung sind auch schnellere Gangarten gut möglich (Foto 83).

⑨ *Fußspitzgreifen/Fersengreifen:* Der Reiter soll mit dem gleichseitigen, später mit dem gegenseitigen Arm (also über Kreuz) die Fußspitze greifen. Der Helfer muß ggf. die Schenkellage oder Haltung des Fußes unterstützten (Foto 84). Fersengreifen aus der Rückenlage auf der

Foto 82: Beim Rückwärtssitz wird bei empfindlichen Pferden die Flankenpartie abgedeckt.

Foto 83: Durch deutliche Vorlage des Oberkörpers wird der Rückwärtssitz gefestigt.

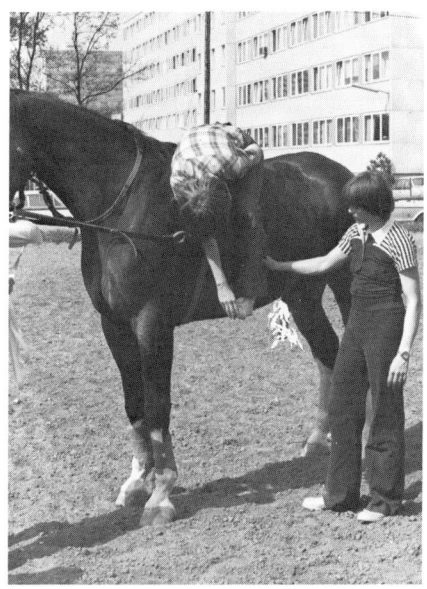

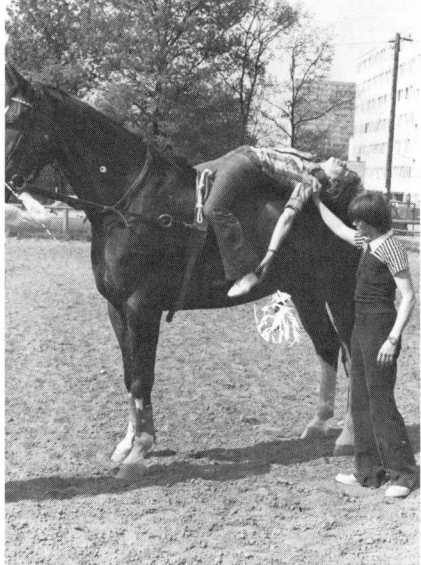

Foto 84: Fußspitzgreifen, auch »Nase an die Knie!«.

Foto 85: Fersengreifen, Hochziehen der Knie gleicht das Hohlkreuz aus.

Kruppe nur wenn kein Hohlkreuz besteht (Foto 85).

⑩ *Hocksitz* − als Konterübungen zu Übung 9 oder gezielt als Hohlkreuzausgleich: Der Reiter bringt beide Knie über dem Widerrist des Pferdes zusammen, dabei faßt er mit den Händen unter die Oberschenkel und legt abschließend durch Vorneigen des Oberkörpers die Stirne auf die Knie (Foto 86).

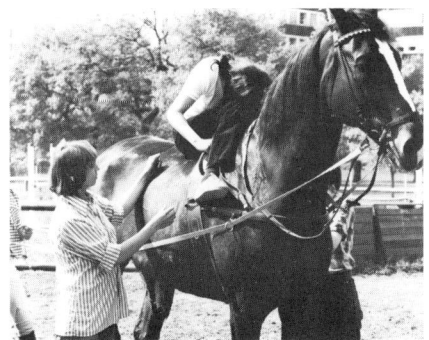

Foto 86: Hocksitz.

Foto 87: Langsitz.

Foto 88 und 89: Schneidersitz, mit und ohne Festhalten.

⑪ *Langsitz:* Nimmt der Reiter aus dem Hocksitz seinen Oberkörper aufrecht nach hinten und streckt beide Beine parallel zum Pferdehals, so führt er den Langsitz aus, bei dem die Beine geschlossen auch auf die rechte und linke Halsseite abwechselnd geschwungen werden können (Foto 87).

⑫ *Schneidersitz:* Über dem Widerrist des Pferdes werden die Beine gekreuzt, dabei ist wieder das präzise Umgreifen wichtig, dazu kann der Reitlehrer anweisen: „Die Hände lassen die Beine kurz durch und fassen sofort wieder zu!" (Foto 88). Später ist diese Übung auch ohne Festhalten mit den Armen in Seithalte möglich, damit ist ein Übergang geschaffen zu Beispielen für schwierigere Übungsmodelle, die dem *Voltigieren* entlehnt werden (Foto 89).

⑬ *Knien:* Die Unterschenkel werden in ganzer Länge flach auf den Pferderücken gelegt, dabei muß der Helfer ggf. das Auseinanderrutschen der Knie verhindern. Beim Festhalten wird die Haltung des Vierfüßlers eingenommen; ohne Fes-

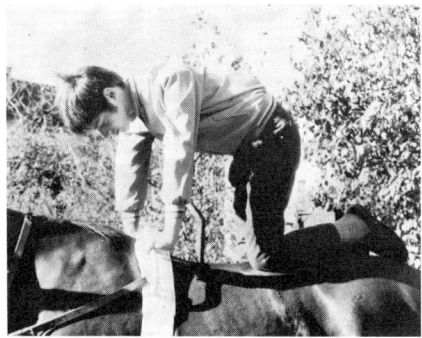 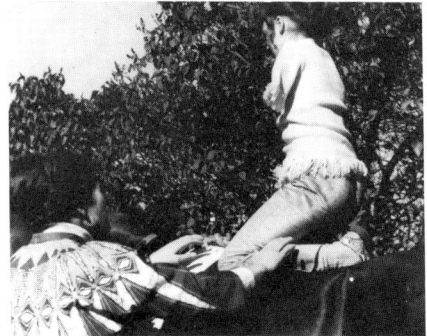

Foto 90 und 91: Knien im Vierfüßlerstand (Bank) und aufgerichtet (Kniestand).

Foto 92: Fahne.

thalten kann der Oberkörper aufgerichtet und die Arme in Seithalte getragen werden (Foto 90, 91).

⑭ *Fahne:* Erweiterung der Übungsanforderung »Knien« durch Abstrecken des äußeren Beines, nunmehr wird das Stützbein flach-schräg über den Pferderücken gelegt, um die Standfläche zu vergrößern. Bei genügender Sicherheit kann der innere Arm nach vorne Richtung Pferdeohren gestreckt werden (Foto 92).

⑮ *Mühle:* Ausgeführt im Viertakt, angepaßt an den Takt des Pferdes: Aus dem Reitsitz in den Innenseitsitz, in den Rück-

wärtssitz, in den Außenseitsitz und zurück in den Reitsitz. Wichtig ist hierbei, daß der Übende jeweils deutlich sein Gewicht quer über das Pferd verteilt, d.h. mit dem Gesäß jeweils möglichst weit auf die Beingegenseite rutscht (Foto 93, 94).

⑯ *Stehen:* Zu erlernen am besten in Anlehnung an einen sitzfesten Partner aus der Hockstellung heraus, gelegentlich kann auch der Stehriemen helfen. Wichtig ist, daß der Übende bei Balanceschwierigkeiten nicht zu lange versucht, auszugleichen und dann doch unkontrolliert und steif herunterfällt, sondern rechtzeitig gezielt abspringt (Foto 95).

Damit sind Übungsmodelle angesprochen, die aus turnerischen Formen des *Abgangs* entwickelt werden können:

Foto 93 und 94: Mühle.

Foto 95: Stehen.

Foto 96 und 97: Abrutschen über die Kruppe.

⑰ *Abrutschen über die Kruppe:* Wichtig ist hier die gute Längslage auf dem Pferderücken (das Pferd nicht unnötig in den Flanken beengen) und vom Helfer die gute Bewegungsbegleitung mit Stützgriff und Abfedern des Niedersprunges (Foto 96, 97).

⑱ *Die Rolle:* – ausgeführt vorwärts oder rückwärts, am besten über die Kruppe; dabei sollte der Übende die Rundung und Fallhöhe der Kruppe gut ausnutzen und sich kräftig von den Beinen abstoßen (Foto 98).

⑲ *Überschlag.* Am besten seitlich auszuführen; als Vorübung dazu zunächst angehocktes *Überdrehen* (Foto 99 bis 101).

⑳ *Bocksprung* – auszuführen aus dem Rückwärtssitz über die Kruppe des Pfer-

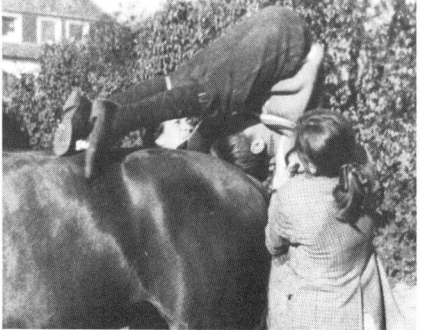

Foto 98: Rolle vorwärts über die Kruppe.

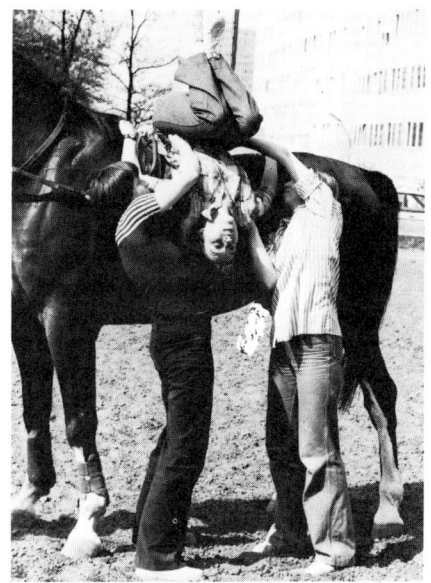

Foto 99: Überschlag; als Vorübung mit ange-hockten Beinen,

des. Auch hierbei sollte der Übende die Flankenpartie des Pferdes schonen, indem er zunächst im Langsitz möglichst weit nach hinten rutscht und erst über der Hinterhand des Pferdes seine Beine wieder spreizt, dann die Hände nach vorne zwischen seine Beine nimmt und mit kräftigem Abdruck von der Schweifgegend den Sprung in die Weite ansetzt (Foto 102, 103). Der Helfer muß das nach hinten Überfallen in der Landung absichern. Die angegebenen Übungsbeispiele stellen nur Anregungen dar, die den Reitlehrer und vor allen Dingen den Übenden selbst zu persönlichem Ideenreichtum und Eigeninitiative anregen sollen. Daher wird hier nur noch der grundlegende **methodische Aufbau** dargestellt:

Nach und zur ersten Gewöhnung ans Pferd und zur Gewinnung eines möglichst zwanglosen, unabhängigen Grundsitzes werden am zweckmäßigsten *symmetri-*

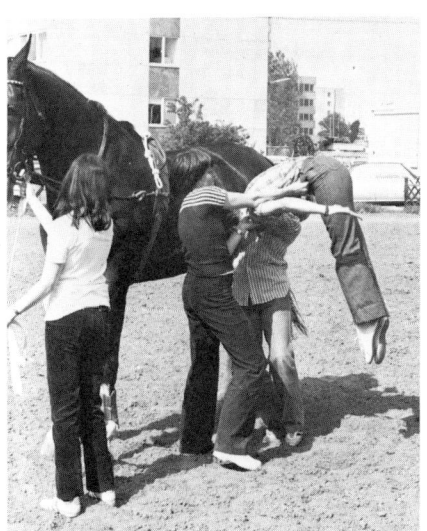

Foto 100 und 101: ...dann gestreckt, mit guter Bewegungsanpassung der Helfer.

Foto 102 und 103: Bocksprung über die Kruppe.

sche Bewegungsformen mit dauernder Beachtung der Kopf- und Rumpfkontrolle, der Gleichgewichtsreaktionen und des Körpergefühls herangezogen. *Bewegungen der Extremitäten* werden zunächst nur einseitig und erst bei einiger Übung beidseitig ausgeführt. In der gegengleichen Anordnung leiten sie über zu den *Rumpfrotationen* um die Längsachse. Diese sind auf dem Pferd in den verschiedensten Ebenen auszuführen und werden ergänzt durch die typischen *Rotationsmöglichkeiten* in den einzelnen Gelenkverbänden.

Die *Anforderung* vom Einfachen zum Schweren läßt sich steigern durch:
1. Verlängerung der wirkenden Hebelarme: z.b. gestreckte Arme als Rumpfverlängerung oder gestreckte statt gehockte Beine beim Überschlag.
2. Gangart, Bewegungsrichtung: Ausführung nicht nur auf stehendem Pferd sondern im Schritt, dann Trab und schließlich Galopp, auch mit Handwechsel.
3. Erweiterung der Anpassung: a) ungefährliche Geräte wie Tennisring, Ball o.ä.;

b) mitübende Partner; c) Einbezug von Geländeunebenheiten, Höhenunterschiede können auch durch Cavalettis (Bodenricks) simuliert werden.

Eine Steigerung der geistigen *Anforderung* und eine abwechslungsreiche Wiederholung eines Übungsgesamtkomplexes läßt sich durchführen, wenn Übungen und Übungsteile auf bestimmte Zahlen oder Merkworte hin ausgeführt, oder wenn der Bezug eigener Körperteile zu denen des Pferdes mitgenannt werden sollen. Auch die Großbuchstaben der Bahnpunkte können Anreiz sein, im Vorbereiten Wörter zu bilden, evtl. können sie auch durch Bildsymbole ersetzt werden um ebenfalls in vielfältigen Aufgaben mit einbezogen zu werden.

Günstig in der Aufeinanderfolge ist eine wechselnde Ausführung von Übungen mit gegensätzlichem Ziel, z.B. Streckung/Rundung, Anspannung/Entspannung.

E.4.2 Sitzschulung

Erst wenn durch diese grundlegende Arbeit bei immer wechselnden Bedingungen und Anforderungen ein wirklich zwangloser *ausbalancierter Grundsitz* geschult worden ist, kann mit der *Sitzschulung im reiterlichen Sinne* als Voraussetzung für die korrekte reiterliche Einwirkung begonnen werden. Als wichtigste Forderung bleibt dabei bestehen, daß Korrekturen niemals der äußeren Form wegen auf Kosten der Losgelassenheit gegeben werden dürfen, sondern gerade beim Behinderten Abweichungen von der Norm »richtige« Form bedeuten können! Beispielsweise kann ein Reiter mit Adduktorenspasmus scheinbar im Stuhlsitz sitzen, allerdings kann er nur so losgelassen bleiben und damit korrekt auf sein Pferd einwirken – in einem anderen Beispiel wäre bei Spitzfußstellung die Korrektur zum tiefen Absatz falsch. Hier muß der Reitlehrer ggf. in Rücksprache mit Arzt und Krankengymnastin genau abwägen, er darf sich dabei nicht nur an der äußeren Form orientieren, sondern muß von funktionellen Gegebenheiten ausgehen.

Der Reiter selbst allerdings sollte mit dem gleichen Ziel des losgelassenen Sitzes dennoch bestrebt sein, trotz seiner Behinderung einen möglichst »korrekten« Reitsitz anzunehmen; mindestens die Tendenz, seine Absicht muß in diese Richtung zielen, damit trotz individueller Ausprägung eine korrekte reiterliche Hilfengebung möglich ist. Daher hier kurz aus der klassischen Reitlehre (»Richtlinien für Reiten und Fahren« FN) die Zusammenfassung der Grundregel: „Dem Sitz des Reiters dienen als Grundlage die beiden Gesäßknochen und der Spalt. Das Gesäß ruht mit losgelassenen Muskeln in voller Breite auf dem Pferderücken. Die Oberschenkel, mit ihrer inneren breiten Fläche anliegend, werden so weit nach innen gedreht, daß das Knie flach am Sattel liegt. Sie werden soweit zurückgenommen, wie es mit dem Sitz auf beiden Gesäßknochen vereinbar ist. Hierdurch wird eine tiefe Lage des Knies erzielt, die von besonderer Wichtigkeit ist, weil sie ein besseres Umfassen des Pferdes ermöglicht und den Reiter tiefer in den Sattel bringt...

Der Oberkörper, vornehmlich auf beiden Gesäßknochen ruhend, erhebt sich senkrecht aus den Hüften, die sich gleich hoch über dem Sattel befinden und nicht einseitig eingeknickt werden dürfen. Das Kreuz wird mäßig angezogen...

Die Schultern sind natürlich fallen zu lassen und zwanglos so zurückzunehmen, daß die Brust sich wölbt. Der Kopf wird, ohne das Kinn vorwärts zu strecken, frei und aufrecht getragen, der Blick über die Pferdeohren gerichtet. Die Oberarme hängen aus den Schultergelenken herab, ohne angedrückt zu werden. Der mittlere Teil des Unterarms lehnt sich mit der inneren Fläche leicht an den Leib. Die Hände werden geschlossen und senkrecht mit dem mäßig gekrümmten Daumen nach oben so getragen, daß die äußere Fläche des Unterarms mit dem Handrücken eine gerade Linie bildet...

Die Unterschenkel hängen vom Knie aus je nach Länge der Beine des Reiters mehr oder weniger schräg nach rückwärts am Pferdeleib herab und halten mit der flachen Wade weiche Fühlung. Eine durch das Schultergelenk gefällte Senkrechte soll etwa die Ferse treffen. Die Fußspitzen sind in geringem Maße vom Pferd abgewendet. Die Absätze werden leicht herabgedrückt..." (Richtlinien für Reiten und Fahren, Verden/Aller, 1954, 8. Auflage).

E.5 Einwirkungen des Reiters (Hilfen)

Nun sitzt der Reiter schon recht sicher »oben«, aber wie kann er sich dem Pferd verständlich machen, wie dessen Bewegungen und Haltungen fordern und formen? Die typische Körpersprache des Reitens, die reiterlichen Einwirkungen, werden »Hilfen« genannt. Diesem anspruchsvollen Sinn des Wortes sollen sie tatsächlich gefühl- und taktvoll entsprechen: Im rechten Moment behutsam einsetzen, sich allmählich verstärken und abklingen, wenn der jeweilige Zweck erreicht ist. Das stellt große Anforderung an Einfühlungsgabe und Feinmotorik des Reiters. Die Wirkungsweise der reiterlichen Hilfen beruht im Wesentlichen auf dem Prinzip von Druck und Entlastung sowie treibender oder verwahrender Wirkung.

Da die üblichen Reitlehren auf die klassischen Hilfen ausführlich eingehen, sei im folgenden nur ein stichwortartiger Überblick gegeben:

① *Gewichtshilfen*
Wirkung: Einheit der Schwerpunkte von Pferd und Reiter auf einer Linie;
Zweck: unterstützend, be- oder entlastend;
Technik: »Mitgehen«, Kreuzeinwirkung, Haltung des Oberkörpers, Gewichtsverlagerung − vor/rück; rechts/links.

② *Schenkelhilfen*
Wirkung: Auf den jeweiligen Hinterfuß durch Anregung zur Kontraktion bestimmter Muskelgruppen;
Zweck: vortreibend (am Gurt); seitwärtstreibend (dicht hinter dem Gurt); verwahrend (deutlich hinter dem Gurt). Sie können durch den Einsatz von Gerte und Sporen ergänzt werden.
Technik: Druck mit der flachen Wade ein-

oder beidseitig abwechselnd, seltener gleichzeitig.

③ *Zügelhilfen*
Wirkung: Anlehnung und Versammlung; Haltung, Tempo und Richtung;
Zweck: Durchhaltend, annehmend, nachgebend, verwahrend, auch: seitwärtsweisend und beruhigend;
Technik: horizontales Einwärts- und Auswärtsdrehen der Faust, Federn im Ellbogen- und Schultergelenk, abwechselnd oder gleichzeitig.
Sie können auch durch andere Zäumungen und Gebisse ergänzt oder verstärkt werden.

● *Die Stimme* des Reiters oder Reitlehrers kann alle Hilfen ergänzen oder fehlende Funktionen kompensieren.

● Das Zusammenspiel aller Hilfen nennt man *Paraden;* die Teilaktionen greifen ineinander und richten sich in Intensität und Dauer nach dem Temperament und dem Grad des Gerittenseins des Pferdes. Plötzliche und übertriebene Hilfen erschrecken und verwirren das Pferd. Das muß auch der Reitlehrer bei der Einteilung der Pferde berücksichtigen (z.B. bei einem Reiter, der leicht unkontrollierbare Bewegungen ausführt).

Schulmäßig wird unterschieden: Die *ganze Parade,* die das Pferd aus jeder Gangart zum Halten bringt, von der *halben Parade,* die das Pferd aufmerksam machen bzw. versammeln soll oder zur nächst niedrigen Gangart zurückführt.

Immer sollten die nachgebenden Hilfen überwiegen, um den natürlichen Vorwärtsdrang und den Charme der Bewegungen des Pferdes zu erhalten.

E.6 Arbeitstechniken

Mit dem Begriff Arbeitstechniken sollen die Wege beschrieben werden, mit denen der Reitlehrer dem Reitschüler das Pferd methodisch verfügbar macht. So kann das Pferd für Gewöhnungsübungen und Sitzschulung in der Grundausbildung eingesetzt werden. Selbstverständlich gehört an den Stundenanfang unbedingt eine *Lösungsphase!*

E.6.1 Führzügel

Behinderte, die Schwierigkeiten mit dem Gleichgewicht haben, sind durch Fliehkräfte auf gebogenen Linien zunächst überfordert und sollten daher anfangs nur auf geraden, allenfalls leicht gebogenen Linien reiten. Dazu eignet sich in der einfachsten Form die Arbeit mit dem Führzügel.

● *Ausrüstung:* Länge ca. 1,50 m, an einem Ende geteilt, um in beide Trensenringe eingehakt zu werden, am anderen Ende mit einer Schlaufe versehen (Bezugsquelle s. S. 21).

Foto 104: Führzügelarbeit im Team.

● *Technik:* Das Pferd wird gleichlang ausgebunden, der Helfer geht in Schulternähe, in der Regel jeweils innen; führt mit der dem Pferd nahen Hand in Höhe des Pferdemaules, jedoch ein bis zwei Handbreit dahinter und sichert mit der abgewandten Hand durch Griff in die Schlaufe. Wird er zusätzlich von Helfern für den Reiter begleitet, so muß er nach vorne ausweichen, ohne die Helfer oder das Pferd in ihren Bewegungen zu stören. Die linke Hand kann auch eine Gerte tragen oder bei Wendungen unterstützen. Vorwiegend wird jedoch die treibende Wirkung durch die Stimme erzielt (Foto 104, 105).

Ein geschickter Reitlehrer mit einem gut ausgebildeten Pferd, das von sich aus in

Foto 105: So wird der Führzügel gehalten.

sicherem Stimmkontakt zügig vorwärtsgeht, kann diese Methode mit dem Führzügel auch noch verfeinern, indem er den Führzügel gleichsam nur noch zur Sicherung verwendet und sehr viel länger läßt, um das Pferd in Höhe des Reitschülers zu begleiten und so in direkter Zusammenarbeit mit dem Reitschüler zu agieren. Am besten benutzt er dabei eine lange Dressurgerte, die er in der Mitte faßt und in der Grundstellung parallel zum Pferd hält, um so dessen Geradeausgehen sicherzustellen. Weist er mit der Gerte mehr in Richtung Pferdekopf, so drängt er damit das Pferd zurück zur Bande; in Richtung Hinterhand wirkt die Gerte treibend (Foto 106).

▶ Sollte kein spezieller Führzügel vorhanden sein, so kann man ersatzweise auch einen Ausbinder nehmen, der in den Verbindungssteg für das Longieren geschnallt wird. Das Führen mit den Zügeln sollte allerdings auf Ausnahmefälle beschränkt bleiben, da ja der Reiter die Zügel übernehmen soll. In diesem Fall ist unbedingt darauf zu achten, daß beide Zügel gefaßt werden, der äußere ein wenig kürzer, um das Pferd nicht im Kopf nach innen zu ziehen. Führen am Trensenring oder Backenstück ist ungeeignet.

E.6.2 Longe

In vielen Reitlehren wird das schulmäßige Longieren ausführlich beschrieben, daher folgen an dieser Stelle nur kurze Erläuterungen.

● *Ausrüstung:* Eine 7-8 m lange Longe, am besten durch einen Verbindungssteg mit laufendem Ring in beide Trensenringe eingehakt (Foto 107). Eine Peitsche (lang genug um das Pferd direkt damit zu erreichen, nicht zu schwer, um den Arm

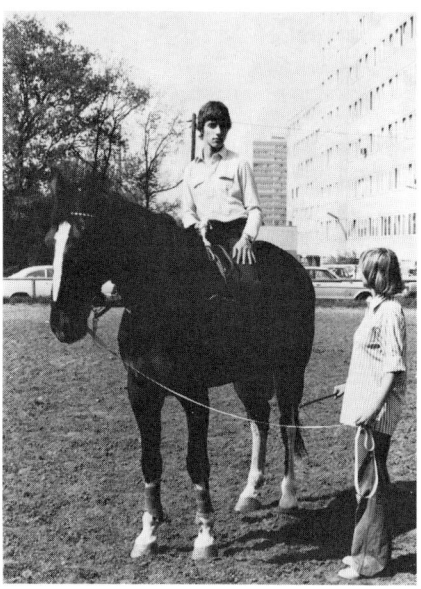

Foto 106: Modifizierte Form der Führzügelarbeit.

nicht zu ermüden). Ausbinder, Sattel oder Gurt, Gamaschen.
● *Technik:* So wird die Longe gehalten (Foto 108): Der Longenrest liegt in armigen

Foto 107: Longieren: Verbindungssteg beider Trensenringe.

Foto 108: So wird die Longe gehalten.

langen, gleichmäßigen Schlaufen voll in der Hand, – so kann die Longe bedarfsweise allmählich verlängert oder verkürzt werden, ohne daß der Longenführer sich darin verheddert; die Endschlaufe liegt

Foto 109: So wird das Pferd an der Longe geführt.

innen und wird durchgefaßt, um das Pferd auch nach voller Ausnutzung der Longenlänge noch fest in der Hand zu haben (kein Durchrutschen)

So wird das Pferd an der Longe geführt: Die dem Pferdekopf nahe Hand wird etwa in Maulhöhe vor dem Leib des Longenführers getragen, die Peitsche weist in der Grundstellung auf das Sprunggelenk und verstärkt behutsam ihre treibende Wirkung, wenn sie höher und in Richtung Pferdekopf gehalten wird. Vorwiegend erfolgen die treibenden und beruhigenden Hilfen allerdings über die Stimme (wobei die Kommandos immer in der gleichen Form gegeben werden sollten), in Zusammenwirken mit der Peitsche und den Paraden über die Longe (Foto 109).

▶ Die Longe ist ein gutes Arbeitsmittel für die Sitzschulung des Reitschülers, beispielsweise beim ersten Angaloppieren.

Longieren mit verkürzter Longe

Auch diese Arbeitstechnik kann für spezielle Zwecke noch erweitert und modifiziert werden. Beispielsweise für den Gebrauch in der Therapie: Die Longe wird dabei kürzer gefaßt, der Longenführer tritt bis auf Peitschenlänge an das Pferd heran, kann dadurch unmittelbar mit Pferd und Reiter zusammenarbeiten und nun auf einem vergrößerten Zirkel – bei gleichlangen Ausbindern auch in fortwährendem Wechsel zwischen Zirkel und Gerade arbeiten (Abb. 16).

E.6.3 Langzügel

Soll mit häufigem Richtungswechsel auf gebogenen Linien gearbeitet werden, oder soll der Schüler innerhalb einer bestimmten Ausbildungsphase intensiv den Einsatz von Schenkel- und Gewichtshil-

Abb. 16: Modifizierte Form des Longierens mit verkürzter Longe.

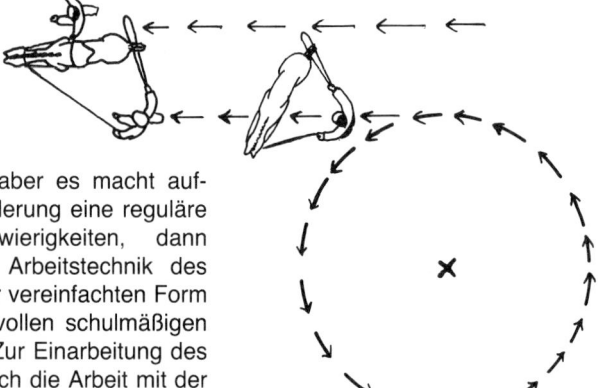

fen erlernen, oder aber es macht aufgrund seiner Behinderung eine reguläre Zügelführung Schwierigkeiten, dann empfiehlt sich die Arbeitstechnik des Langzügels. In einer vereinfachten Form wird sie vom kunstvollen schulmäßigen Einsatz abgeleitet. Zur Einarbeitung des Pferdes empfiehlt sich die Arbeit mit der Doppellonge.

● *Ausrüstung:* Ein Vorderzeug, das sich leicht aus einem Martingal oder dem üblichen Sattelvorderzeug mit zwei zusätzlichen Ringen im unteren Drittel herstellen läßt; durch diese Ringe wird der etwa 3 m lange Langzügel (aus Gurt oder Leder) geführt, damit er nicht zu tief durchhängt und das Pferd darüber treten kann. Auf das Ausbinden des Pferdes kann meist verzichtet werden (Foto 110) (Bezugsquelle s. S. 21).

● *Technik:* So wird der Langzügel geführt: Hinten offen, jeweils mit einem dikken Knoten (oder Holzkugel), damit er nicht durchrutscht; Zügelfaust wie beim Reiten, die Gerte wie beim Fahren gehalten. Der abgebildete Langzügel (Foto 111) hat einen flachen Karabinerhaken, damit er in der vorbereitenden Ausbildung des Pferdes geschlossen werden kann.

Foto 110: Ausrüstung des Pferdes mit Langzügel und Vorderzeug.

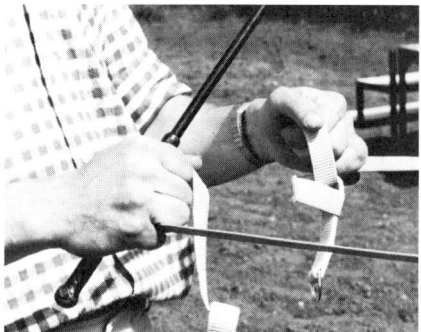

Foto 111: So wird der Langzügel gehalten.

▶ Beim Anlernen des Pferdes kann der Langzügel ruhig geschlossen sein (Führung doppellongenartig), allerdings nie, wenn ein Reiter aufgesessen ist. Dann nämlich muß er über den Unterschenkel des Reiters verlaufen, damit er in Wendungen dessen Schenkellage nicht sört. Damit der Reiter sich aber bei einem Sturz vom Pferd lösen kann, muß der Langzügel hinten offen sein, so kann er sofort losgelassen werden und das Pferd am verbleibenden Langzügelteil wie an einer Longe geführt werden (siehe auch Foto 18).

Foto 112: So wird das Pferd am Langzügel geführt.

Auf der Geraden geht der Reitlehrer mit etwa 1 Schritt Abstand unmittelbar hinter dem Pferd, dabei dürfen die Enden des Langzügels nicht zu lang herunterhängen, auf diese Weise hat er beste Möglichkeiten die Gleichgewichtsreaktionen und aufrechte Körperhaltung seines Reitschülers zu korrigieren (Foto 112, 113). Psychologisch von Bedeutung ist, daß sich der Reitschüler weitaus selbständiger mit seinem Pferd fühlen kann, da für ihn ja die Hilfestellung optisch nicht sichtbar ist.

In dieser Form kann in allen drei Gangarten gearbeitet werden, allerdings setzt das eine gute, störungsfreie Anpassung an den Bewegungsablauf des Pferdes voraus.

Bei engeren *Wendungen* (z.B. Kehrtvolte, durch den Zirkel wechseln), tritt der Pferdeführer seitlich neben das Pferd, um den Mittelpunkt des jeweiligen Kreisbogens zu bilden: Durch 1-2 große Schritte kommt er etwa in Höhe des Sattelgurtes, faßt dabei weit mit der inneren Hand auf dem inneren Zügel vor, während die andere Hand den äußeren Zügel durchrutschen läßt bis zum Endknoten. Nun läßt

er das Pferd um sich herumgehen und dreht sich auf kleinstem Kreis lediglich mit (Foto 114).

Foto 113: Guter Blickwinkel des Reitlehrers für Gleichgewichtsreaktionen des Reitschülers.

Foto 114: So werden enge Wendungen am Langzügel ausgeführt.

Im Übergang zurück auf die Gerade wird genau umgekehrt verfahren: mit 1-2 großen Schritten hinter das Pferd treten, dabei den äußeren Zügel weit nachfassen und gleichzeitig den inneren durchrutschen lassen bis auf die alte Position; währenddessen auf flüssigen Übergang vom Bogen auf die Gerade achten, ohne das Pferd zu stören.

Anmerkung:

Anhand dieser Arbeitstechnik läßt sich beispielhaft auf den genauen Unterschied zwischen »Helfen und Sichern« aufmerksam machen : Wenn z.B. die Zügelhilfe des Reiters nicht ausreichte (»nicht durchkam«), kann der Reitlehrer aus der sichernden Begleitung ergänzend helfend und doch unmerkbar für den Reiter eingreifen.

Unter der Mitwirkung von Jugendlichen des Vereins oder geübten Reitern lassen sich in dieser Form auch ganze Reitabteilungen bis hin zu Quadrillen und Ausritten zusammenstellen.

E.6.4 Handpferd

● *Ausrüstung:* Führzügel

● *Technik:* Das Reiten mit Handpferd ist wie ein Führen des Pferdes durch einen Reiter, der selbst auf einem Pferd sitzt; das setzt für alle Beteiligten eine gute Ausbildung voraus: Der Pferdeführer muß sein Pferd mit einer Hand voll beherrschen, deshalb empfiehlt sich u. U. die Zäumung auf Kandare.

Das Handpferd muß verträglich sein und gut vorwärts gehen, beide Pferde müssen daran gewohnt sein, in dieser Form brav nebeneinander zu gehen. In der Regel wird nebeneinander geritten; dabei sollte das Handpferd etwas voraus sein – der größte Fehler ist es, wenn es hinter dem Reitpferd »hergezogen« wird!

Diese Arbeitstechnik empfiehlt sich, wenn über längere Zeit ein schnelleres Tempo eingehalten werden soll, besonders auf den ersten selbständigen Galoppstrecken des Reitschülers; auch als Möglichkeit ins Gelände zu gehen, ohne den Pferdeführer zu sehr zu strapazieren bzw. auf »Spazierwege« angewiesen zu bleiben. Innerhalb der Schulstunde kann der berittene Reitlehrer einzelne Schüler für bestimmte Lektionen jeweils kurzfristig vom führenden Helfer übernehmen und sie anschließend wieder in der einfacheren Weise zu Fuß weiterführen lassen.

Wenn der Reitlehrer sein eigenes Pferd gleichsam »zweitrangig« beständig an den Hilfen halten kann, um seine volle Aufmerksamkeit dem behinderten Reitschüler und dessen Pferd zu widmen, ist er so jederzeit in der Lage, bestimmte Dinge zu demonstrieren und von Pferd zu Pferd direkt helfend einzugreifen, dabei ist er dem Reitschüler in gleicher Situation wort-wörtlich »nahe« – psychologisch von größter Wichtigkeit (Foto 115). Vorrangig ist jedoch die *Sicherheit* und so sei nochmals auf die Schwierigkeit dieser Arbeitstechnik hingewiesen, die hohe Anforderungen an das reiterliche Können und die willige Rittigkeit der Pferde stellt; sie muß vor dem Einsatz im Reitunterricht ausgiebig geübt werden.

E.6.5 Begleit- und Führpferd

Auch bei dieser Arbeitstechnik zeigt sich der Vorteil, wenn der Reitlehrer einer behinderten Reitabteilung mit beritten ist: Er kann sein Pferd als *Begleitpferd* einsetzen, und ist dadurch sofort dort, wo er gebraucht wird; er kann von Fall zu Fall einzelne Reitschüler am Handpferd übernehmen oder sie neben ihnen reitend begleiten. Das wiederum hat den Vorteil, daß er die Lektion, an der gearbeitet wird, oder die dazugehörende Hilfengebung schnell demonstrieren kann, ebenso wie er die Hilfegebung des Reitschülers unterstützen bzw. selbst direkt helfend eingreifen kann. Auf der schwächeren Seite des Reitschülers reitend, hilft er dessen Pferd auf dem Wege zu halten.

In einer ähnlichen Arbeitsweise wird sein Pferd oder besser ein zweites unter Ausnutzung des Herdentriebes als *Führpferd* eingesetzt: Unmittelbar vor dem Pferd des Reitschülers gehend animiert es dieses, zu folgen und das gleiche Tempo und die gleiche Gangart anzuschlagen. Andererseits kann das Führpferd ein übermäßig stürmendes Pferd zurückhalten oder – an den Anfang der Abteilung gesetzt – ein gleichmäßiges Tempo halten und bei Einzelaufgaben dafür sorgen, daß nicht die ganze Abteilung sich unerwünscht anschließt. Die Position des Führpferdes kann mitten in der Abteilung

Foto 115: Handpferdreiten.

ebenso sinnvoll sein wie als Schlußreiter; einmal hat es mehr »ziehende«, einmal »schiebende«, einmal »blockende« Funktion.

Diese Aufgaben werden am besten von ein oder zwei fortgeschrittenen Reitern – ggf. direkt aus der Behindertenreitgruppe – übernommen; sie müssen gute Kenntnisse über Hufschlagfiguren haben.

Der Reitlehrer muß sich im klaren darüber sein, wie schwierig bei dieser Arbeitsform die Aufsicht über die *gesamte* Abteilung sein kann und ggf. einem Helfer Teilaufgaben übertragen.

Die Abbildungen 17a und 17b bieten zwei konkrete Anwendungsbeispiele:

a) 1. Innerhalb des Abteilungsreitens soll jeder Reiter Einzelaufgaben ausführen, während die Abteilung geschlossen und ruhig weitergeht. Der Reitlehrer läßt das am Anfang gehende Führpferd jeweils eine Volte beschreiben, wodurch es hinter den ihm unmittelbar folgenden Reiter kommt, der dann die Einzelaufgabe übernehmen kann, während das Führpferd weiter die abblockende erste Position beibehält. Wenn der Reitschüler dabei für die Einzelaufgabe die Hilfe eines Führpferdes braucht, so sind zwei in der Abteilung nötig, damit jeweils eines für die Begleitung und eines für die Tête zur Verfügung bleibt; sie können einander in der geschilderten Form abwechseln (vgl. Abb. 17a).

b) 2. Beim ersten Galopp oder Mitteltrab versuchen die Schulpferde zu gerne ein »Ausbrechen«. Der Reitschüler erhält vor sich mit ziehender und blockender Wirkung ein Führpferd; der Reitlehrer bleibt zusätzlich auf dem Begleitpferd neben ihm, um das Ausbrechen nicht nur nach vorne, sondern auch zur Seite zu verhindern (vgl. Abb. 17b).

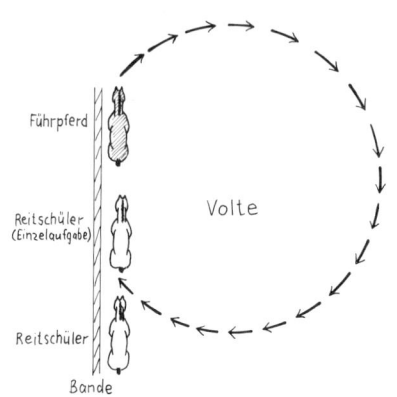

Abb. 17a: Führpferd am Anfang einer Abteilung.

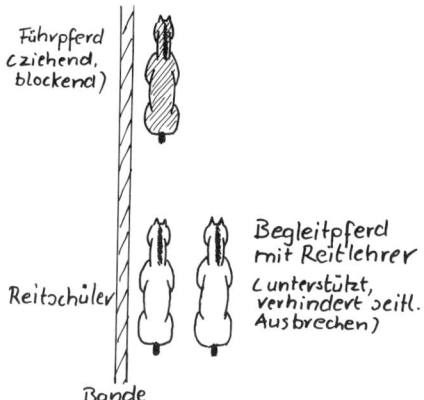

Abb. 17b: Führ- und Begleitpferd in Zusammenarbeit.

E.7 Aufbau einer Reitstunde

Form und Inhalt einer Reitstunde sind abhängig von einer Vielzahl äußerer und innerer Bedingungen, die in gegenseitiger Wechselbeziehung stehen. Der geschlossene Stundenaufbau ergibt sich aus dem harmonischen sinn- und planvollem Zusammenfügen dieser Einzelkomponenten (vgl. HÖLZEL Unterrichtslehre):

Beim Reitunterricht für Behinderte hat sich die Form des *Hintereinanderherreitens* am meisten bewährt, insbesondere bei gleichzeitigem Einsatz verschiedener Arbeitstechniken. Hierbei sollte der Reitlehrer beim Handwechsel auf der jeweili-

gen Wechsellinie zum Halten durchparieren lassen, damit die Pferdeführer in Ruhe und ohne Störung des Bewegungsablaufs auf die neue innere Seite wechseln und die Reitschüler umsitzen und umfassen können. Erst bei entsprechendem Ausbildungsstand erfolgt der Handwechsel in der Bewegung. Methodisch hilfreich ist es, wenn jedoch bereits hier *Kommandos* gegeben werden, da die Pferde so am besten reagieren.

Die korrekte strenge Form des *Abteilungsreitens* und später das *Einzelreiten* stellt eine eigene Anforderungsleistung und Ausbildungsstufe dar.

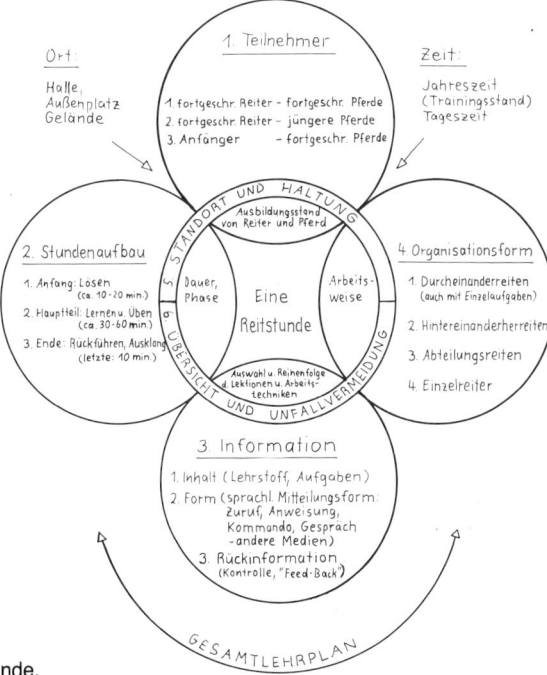

Abb. 18: Aufbau einer Reitstunde.

E.8 Einige Hufschlagfiguren und Lektionen

Den Skizzen der Hufschlagfiguren mit den jeweiligen Bezeichnungen seien Beispiele für Lektionen angefügt. Der Schwierigkeitsgrad einzelner Lektionen richtet sich nach der Anforderung bezüglich der Aufrichtung, Versammlung und der Schwungentfaltung des Pferdes. Für die Haltung ist weiterhin entscheidend, ob das Pferd geradegerichtet, gestellt, oder gebogen in leichter oder Höchstlängsbiegung geht. Die folgenden Übungsbeispiele sollen einige Besonderheiten, die sich vor allem für den einseitig Körperbehinderten ergeben, klarstellen: Einschränkung der einseitigen Gewichts-, Schenkel- und Zügelhilfen; Schwierigkeiten beim Aufrichten, Einsitzen und Mitgehen in die Bewegung des Pferdes zur vollen Schwungverstärkung und -entfaltung. Der Ausgleich erfolgt

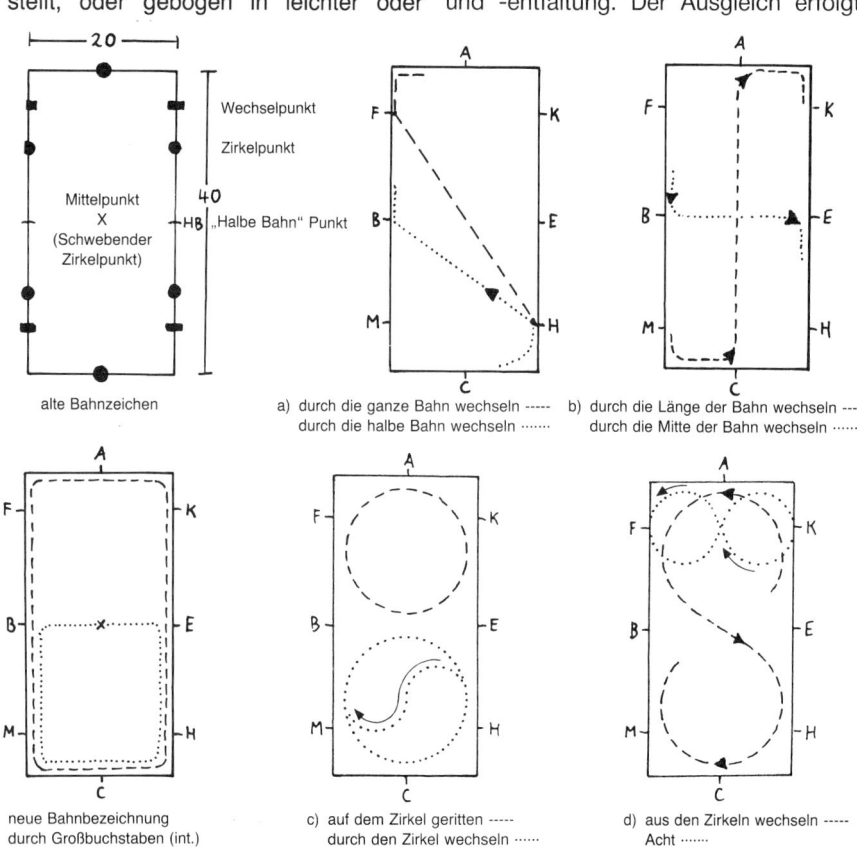

Abb. 19 und 20: Bahnpunkte und Hufschlagfiguren.

Abb. 20:

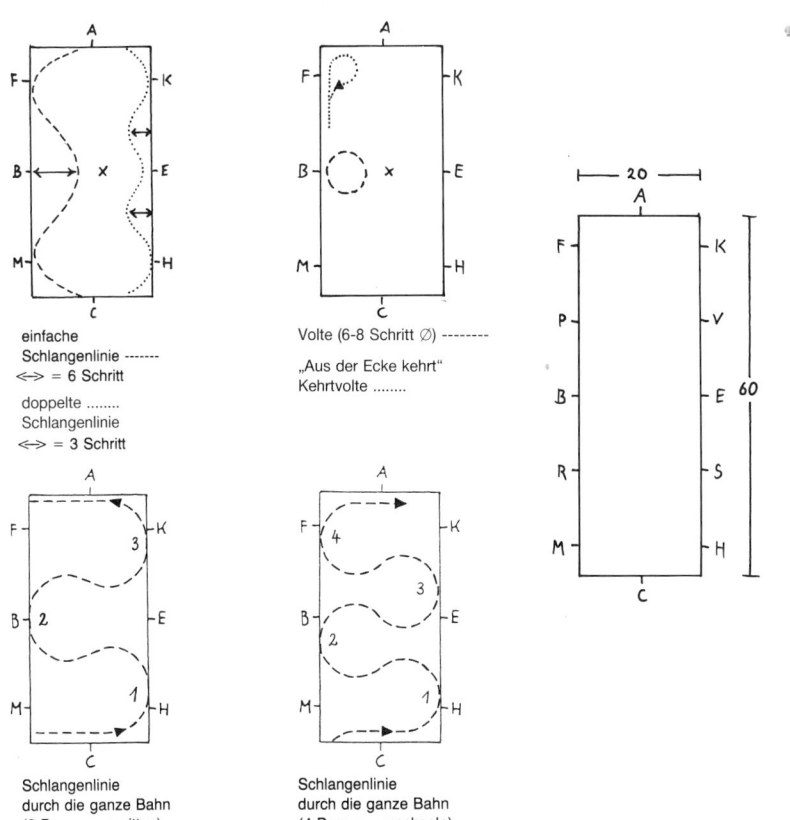

einfache
Schlangenlinie ------
<–> = 6 Schritt
doppelte ....
Schlangenlinie
<–> = 3 Schritt

Volte (6-8 Schritt ∅) --------
„Aus der Ecke kehrt"
Kehrtvolte ....

Schlangenlinie
durch die ganze Bahn
(3 Bogen = geritten)

Schlangenlinie
durch die ganze Bahn
(4 Bogen = wechseln)

über die dargestellten Hilfsmittel sowie durch sprachlichen Kontakt mit dem Pferd. Große und größte Leistungen allerdings erwachsen nur aus einer immer tiefer werdenden Harmonie zwischen Pferd und Reiter, die in gegenseitigem, empfindsamen Aufeinandereingehen beide zu einer gefühlvollen Einheit verschmelzen läßt.

E.8.1 Leichttraben

Beim Leichttraben steht der Reiter bei jedem zweiten Trabtritt auf, statt wie beim Aussitzen mit dem Gesäß voll im Sattel zu bleiben. Durch diese Entlastung wird die Gangart für Pferd und Reiter bequemer und weniger anstrengend. Den Takt lernt man am besten über gute Einfühlung und

Anpassung an die Bewegung des Pferdes, dessen Schwung die wichtigste Hilfe darstellt; sowie über lautes Mitzählen (ggf. mit dem Reitlehrer zusammen) im Zweiertakt. Das Heben aus dem Sattel erfolgt durch Druck aus Knie und Bügel: Bei »eins« (in der Bahn schwingt gerade das äußere Vorderbein nach vorne) steht der Reiter auf; bei »zwei« (das innere Vorderbein schwingt nach vorne), setzt er sich wieder weich in den Sattel, d.h.: Es wird auf dem inneren Hinterfuß leicht getrabt. Knie und Unterschenkel bleiben ruhig an ihrem Platz, die treibende Wirkung erfolgt beim Hinsetzen.

▶ Der einseitig beinbehinderte Reiter muß beim Einbeinstütz verstärkt sein Gleichgewicht ausgleichen und bedarf ggf. der Mitwirkung des Armstützes (vgl. Foto 116).

E.8.2 Angaloppieren

Das gerade gerichtete Pferd wird nach innen gestellt, dazu legt der Reiter sein Gewicht auf den inneren Gesäßknochen, wirkt mit dem inneren Schenkel am Gurt treibend auf den inneren Hinterfuß und mit dem äußeren Schenkel verwahrend eine Handbreit hinter dem Gurt. Im Moment des Angaloppierens läßt die innere Hand den Galoppsprung heraus, der Reiter muß gut mit der Bewegung mitgehen, mit aufrechtem Oberkörper, vorgeschobener innerer Hüfte, jedoch ohne Vor- oder Rücklage oder seitlichem Einknicken.

▶ Gerade diese einseitigen Hilfen sind für körperbehinderte Reiter häufig erschwert und müssen daher durch Hilfsmittel, wie Gerte und Stimme oder Haltevorrichtungen am Sattel, die eine Gewichtsverlagerung ermöglichen, ausgeglichen werden (vgl. Foto 117).

Foto 116: Leichttraben. Unterstützung der Entlastungsphase beim Leichttraben durch Armstütz auf einen zusätzlichen Haltegriff.

Foto 117: Rechtsgalopp. Der Reiter mit rechtsseitiger Oberschenkelamputation ersetzt im Rechtsgalopp die Schenkelhilfe durch eine lange Dressurgerte; sein Gewicht bleibt genau über dem Schwerpunkt des Pferdes.

Foto 118: Schenkelweichen. Der Reiter läßt den rechten (inneren) Schenkel weichen, trotz einseitiger Beinbehinderung bleibt die Gewichtshilfe völlig korrekt, die fehlende Schenkelhilfe wird durch eine Gerte ausgeglichen.

E.8.3 Schenkelweichen

Das Schenkelweichen als lösende Lektion ist eine ausgezeichnete Übung für Pferd und Reiter, zum Einsatz der einseitig treibenden und verwahrenden Schenkel- und Gewichtshilfen. Der Reiter gibt dem geradegestellten Pferd eine Innenstellung, der gleichseitig etwas zurückgenommene Schenkel wird damit jeweils zum inneren und treibt das Pferd vorwärts/seitwärts; der äußere Schenkel wirkt verwahrend. Dadurch tritt das Pferd auf zwei Hufschlägen vorwärts/seitwärts; die inneren Füße treten vor und über die äußeren. Durch geschickte Einwirkung erreicht der Reiter, daß das Pferd mehr vorwärts als seitwärts geht, in sich gerade, bis auf die geringe Kopfstellung. Geht das Pferd dabei an der Bande, so bleibt beim Weichenlassen des äußeren Schenkels die Vorhand auf dem Hufschlag; beim Weichenlassen des inneren Schenkels die Hinterhand, mit einer Abwinklung von maximal 45° (vgl. Foto 118).

Foto 119: Mitteltrab mit deutlicher Erweiterung des Raumgriffs, wünschenswert wäre auch eine Verstärkung des Schubs aus der Hinterhand.

E.8.4 Mitteltrab

Bei entsprechendem Ausbildungsstand kann durch den Mitteltrab die Rittigkeit und der Vorwärtsdrang des Pferdes geprüft und geschult werden sowie die treibende Einwirkung des Reiters bei guter Bewegungsanpassung, auch in der Schwungverstärkung. Dabei soll das Pferd nicht eiliger werden, sondern mit schwungvollen, freien, gelösten Bewegungen die Tritte aus der Schulter heraus verlängern, in guter Aufrichtung, mit untergeschobener Hinterhand (vgl. Foto 119).

E.8.5 Hinterhandwendung

Diese Lektion wurde gewählt als Beispiel dafür, wie aus dem Geraderichten und der Stellung des Pferdes auch die Biegung entwickelt wird. Der Reiter braucht für diese versammelnde Lektion die Einwirkung diagonaler Hilfen, die unmittelbar am Beispiel erläutert werden sollen (siehe Foto 120).

▶ Das rückwärtige Ausweichen des Pferdes stellt den schwereren Fehler dar, der durch treibende Kreuz- und Schenkeleinwirkung verhindert werden muß; da die Vorwärtstendenz unbedingt dominieren soll, ist im Vortreten der geringere Fehler zu sehen. Die Wendung wird abgeschlossen, indem der linke Zügel nachgibt, das Pferd wieder geradeaus gestellt wird und der Reiter mit beiden Schenkeln und nachgebender Zügelhilfe wieder vorwärts treibt.

Foto 120: Hinterhandwendung nach links. Das sicher am Zügel stehende Pferd wird nach links gestellt, wobei der Reiter sein Gewicht in die Wendung hinein ebenfalls nach links verlagert. Dann führen beide Hände die Vorhand Tritt für Tritt im Bogen um die Hinterhand herum; der Drehpunkt liegt unter dem inneren (linken) Hinterfuß. Der äußere (rechte) Zügel wirkt verwahrend, er verhindert ein Vorwärtstreten und untersützt die Seitwärtsbewegung. Da diese Hand gleichzeitig die Gerte führt, muß der Reiter beide Funktionen aufeinander abstimmen. Der rechte Schenkel wirkt hinter dem Sattelgurt ebenfalls verwahrend und verhindert ein Ausfallen der Hinterhand nach rechts. Der linke Schenkel wirkt am Sattelgurt vortreibend. Alle Hilfen erfolgen im synchronen Zusammenspiel mit den Gewichtshilfen.

Die speziellen Disziplinen

F.1 Dressurreiten

Die Dressur ist die Grundlage aller Reiterei, da sie in sorgsamer, liebevoller Erziehung die planmäßige gymnastische Durchbildung des ganzen Pferdes zum Ziel hat, wie es durch GUÉRINIÈRE bereits im 17. Jahrhundert treffend ausgedrückt wurde: „Der Zweck der Ausbildung eines Pferdes ist, es durch systematische Arbeit ruhig, gewandt und gehorsam zu machen, damit es angenehm in seinen Bewegungen und bequem für den Reiter wird".

In der *Grunddressur* geht das korrekt gerittene Pferd losgelassen, im Takt, mit vorwärts-abwärtsgerichteter Nase, kauend am Gebiß, mit schwingendem Rükken, unabhängig von der Hand, durch Kreuz und Genick in allen drei Grundgangarten und Übergängen.

Der eigene Anreiz der Dressur liegt sicherlich darin, daß das schulmäßige Reiten eines gut ausgebildeten oder aufgrund seiner Veranlagung gut auszubildenden Pferdes in seinem Schwierigkeitsgrad schier unendlich weit zu steigern und zu verfeinern ist. Leistungen, die Behinderte voll erbringen können. Die angestrebte Harmonie zwischen Reiter und Pferd, das sensible Miteinanderwirken kann ein Geschehen entwickeln, das – wie wohl kaum in anderen Lebensbereichen – eine Annäherung und Synthese von Sport, Natur und Kunst bietet. Hier liegt sicher das Hauptfeld im Reiten als Sport für Behinderte: Hier bieten sich ihm die ergiebigsten Möglichkeiten sportlicher Betätigung, hier der Kontakt und die Partnerschaft zum Lebewesen Pferd und den anderen Sportkameraden; daraus dann das herrliche Gefühl der Selbstüberwindung und -bestätigung, ja sogar des »Über-sich-selbst-hinauswachsens« (Foto 121, 122).

Foto 121: Lis Hartel als Gewinnerin der Silbermedaille im Dressurreiten bei der Reiterolympiade in Helsinki (1952).

Foto 122: Lis Hartel heute bei der Ausbildung eines Nachwuchspferdes – aktiv und erfolgreich im Sattel trotz schwerer Poliolähmung.

F.2 Springreiten

Da die Dressur die Grundlage für alle anderen Disziplinen darstellt, sind es auch nicht wenige behinderte Sportler, die einen Ausbildungsstand erreichen, auf dem sie auch das Springen erlernen. Dennoch ganz anders ist der prickelnde Reiz, von dem der Reiter erfaßt wird, wenn er sein Pferd gegen ein Hindernis galoppiert: die gemeinsame Anspannung der Muskeln in voller Balance beim Abschnellen vom Boden, der Augenblick der Stille im Hinwegschweben über das Hindernis, kraftvolle Landung, die sofort den weiteren Weg aufnimmt. Das braucht nicht nur den Springparcours; sondern draußen in Wald und Feld bei einfachen, natürlichen, gefahrlosen Hindernissen bedeutet es ein Gefühl der Befreiung, ein Pferd reiten zu können, dem das Springen Freude macht.

Das Erlernen des Springsitzes und Überwinden einfacher Hindernisse sollte zu jeder Reitausbildung gehören und damit auch – soweit möglich und vom erhöhten Risiko her vertretbar – zu der im Behindertensport! Der so erzielte Zuwachs an Fertigkeiten ist dann sogar eine Maßnahme der Risikoverminderung. Eine Spezialisierung ist auf der unteren Ebene nicht erforderlich, diese sollte erst in der Leistungsform erfolgen, die dann allerdings erhöhte körperliche Leistungsanforderungen stellt, die vom Behinderten nur noch schwer zu erbringen sind (Foto 123).

Foto 123: Dr. Lehmann, ein bekannter, erfolgreicher Springreiter der Nachkriegszeit, trotz einseitiger Armamputation.

F.3 Geländereiten

Die Sehnsucht jedes Reiters geht sicherlich hinaus ins Gelände, dort ist ja auch der natürliche Bewegungs- und Lebensraum des Pferdes. Nirgendwo sonst kann man mehr eins werden mit der Natur und dem Lebewesen Pferd, nirgendwo das Gefühl der Befreiung und Freude tiefer erleben als beim Reiten auf weichen, versteckten Waldwegen und weiten Feldern bei Wind und Wetter: Neben der Dressur und gleichsam als deren Lohn wohl doch die schönste pferdesportliche Betätigung für Behinderte!

Das Geländereiten setzt allerdings vollendete dressurmäßige Beherrschung des Pferdes voraus und umsichtiges, verantwortungsvolles Reiten. In der Regel sollte nicht alleine ausgeritten werden. Es liegt in der Verantwortung des Ausbilders und jeden Reiters, ein verkehrsgerechtes Verhalten zu schulen und sicherzustellen.

Erst in der Leistungsform und beim Jagdreiten wird das Überwinden schwieriger, fester Hindernisse verlangt. Dabei wird das Vielseitigkeitsreiten (Military), die Verbindung der Disziplinen Dressur-, Spring- und Geländereiten als »Krone der Reiterei« bezeichnet. Hier werden die größten Anforderungen an Pferd und Reiter gestellt (Foto 124, 125).

Foto 124 und 125: Ausritt einer Reitergruppe mit behinderten Kindern.

F.4 Voltigieren

Das Turnen und turnerische Gymnastik am galoppierenden, an der Longe gehenden Pferd wird als Voltigieren bezeichnet. Es stellt eine ideale Form der ersten Begegnung dar, eine gute Grundlage für losgelassenes, sicher-elegantes Reiten in froher Vertrautheit und selbstverständlichem Balancegefühl mit dem Pferd. So verstanden ist Voltigieren gesund, da es den gesamten Körper kräftigt und beansprucht und auch pädagogisch wertvoll, da es im partnerschaftlichen Tun Selbstvertrauen, Mut und Kameradschaftlichkeit fördert. Für viele Behinderte, die aufgrund ihrer Schadenslage das eigentliche Reiten nicht weiter oder überhaupt nicht erlernen können, ist das Voltigieren eine hervorragend geeignete Möglichkeit dennoch mit dem Pferd tätig zu werden, zumal wenn es in Kontakt und voller Integration in einer Gruppe nichtbehinderter Kinder durchgeführt wird. Hier können beide voneinander lernen: die einen, sich durchzusetzen und zu behaupten, sich etwas zuzutrauen und zu wagen; die anderen, eine Leistung und den, der dahinter steht, anzuerkennen, in der rechten Weise zu helfen und zu unterstützen und vor allem wohl das Erlebnis, wie beglückend und erfolgreich gemeinsames Tun ist.

Für die praktische Durchführung geben spezielle Lehrbücher fachliche Auskunft; besonderes pädagogisches Geschick und Einfühlungsvermögen wird darüberhinaus vom Übungsleiter verlangt. Als Organisationsform hat sich die Gruppenaufstellung mit abwechselnder Reihenfolge von behinderten und nichtbehinderten Kindern bewährt; so sind Einzelübungen dem persönlichen Leistungsvermögen entsprechend ebenso möglich, wie reibungsloser Ablauf gegenseitiger Hilfestellung, evtl. als Partnerübung (vgl. Foto 126).

Foto 126: Voltigiergruppe. Kinder mit Dysmelieschäden bei einer Partnerübung.

F.5 Fahren

Der Fahrsport ist zwar aufwendig, erlebt aber z.Zt. einen großen Aufschwung – vielleicht weil es gegenüber dem Steuern von Motor-PS ein unbändiges Gefühl ist, vom Kutschbock aus die Leinenführung eines Ein- oder Mehrspänners zu übernehmen. Darüberhinaus ist es eine ausgezeichnete Möglichkeit, trotz schwerster Beinbehinderung im Pferdesport oder auch als reines Hobby aktiv zu werden und so vielleicht eine erste Chance zu sportlicher Betätigung zu erwerben, die außerdem den gesamten Erlebnishorizont weitet.

Die technischen Probleme wie Abstützung des Oberkörpers, können in der Regel gelöst werden; inzwischen gibt es Kutschen, auf die der Fahrer mitsamt seinem fixierten Rollstuhl per integrierter Hebebühne gelangt. Schwierig bleibt der hohe Aufwand an Helfern, Kosten und Zeit – zu lösen am ehesten in Gemeinschaften wie Verein oder Interessensgruppen (Foto 127).

Anmerkung:
Nachfragen an G. von Dietze, 6494 Niedermoos und Bundesgeschäftsstelle des KthR, Warendorf

Foto 127: Auf dem Kutschbock eines Vierspänners.

Weiterführende Möglichkeiten

G

G.1 Reiterlager

Für jeden Reiter ist es eine großartige Möglichkeit, sich während Reiterfreizeiten einmal tagelang mit dem Pferd zu befassen. Die Betreuung und Pflege erfolgt im geregelten Stalldienst, neben den ergiebigen und unterschiedlichen Formen des Reitunterrichtes kommt auch die theoretische Unterweisung nicht zu kurz. Noch tiefer wird das Erlebnis, noch erweiterter die Schulungsmöglichkeiten und noch umfassender die Kontaktaufnahmen und Beziehung mit und zum Pferd durch mehrwöchige Reiterlager, in denen behinderte und nichtbehinderte Reiter in froher Gemeinsamkeit dem geliebten Reitsport nachgehen können (Foto 128).

Foto 128: Theoretischer Reitunterricht »vor Ort« während eines Reiterferienlagers.

G.2 Reiterspiele und Reitertreffen

Die spielerische Betätigung auf und mit dem Pferd ist bei uns relativ selten, ganz anders in angelsächsischen Ländern; ähnlich ist es mit der Aufgabenstellung im Westernreiten. Von dort kommt eine Fülle von Anregungen, die sich gerade im Reiten als Sport für Behinderte effektvoll nutzen lassen, insbesondere auch für jene Behinderte, die aufgrund ihrer Schadenslage oder Ausbildungsstandes nicht an Leistungswettkämpfen teilnehmen können.

Der positive, stimulierende Eindruck der »Turnierplatz-Atmosphäre« ist auch bei Reiterspielen wirksam − mit dem Vorteil, daß hier die absolute Leistungsmessung und damit der Leistungsdruck wegfällt, da mit einem modifizierten, individuell ange-paßten Regelwerk gearbeitet werden kann. So lassen sich bei Bedarf auch interne Reiterspiele nur für Behinderte effektvoll organisieren; oder aber jeglicher Wettkampf fällt aus pädagogisch-psychologischen Gründen fort in einem Reiterfest oder Reitertreffen (Foto 129, 130).

▶ Hervorgehoben sei, daß der spielerische Umgang mit dem Pferd selbstverständlich die Sicherheit und den Kontakt mit dem Pferd und der Umwelt fördert und ausweitet. An dieser Stelle sei zur Anregung auf die englischen »Gymkhana-Spiele« (z.B. Geschicklichkeits- und Slalom-Reiten zwischen Hindernissen, auch mit Eierlöffel oder Wasserglas in der Hand) hingewiesen.

Foto 129: Quadrille (Behinderte und Nichtbehinderte gemeinsam).

Foto 130: Internationales Reitertreffen für Behinderte in Bargteheide.

G.3 Turniere

Es hat sich als völlig unzweckmäßig erwiesen, für behinderte Reiter eigene Wettkampfformen zu entwickeln. Die gesamte Leistungsprüfungsordnung (LPO) der Deutschen Reiterlichen Vereinigung (FN) insbesondere die Kategorie C kann als Wettkampfordnung zugrundegelegt werden. Auch auf die Einteilung nach Schadensklassen oder das Hinzurechnen von besonderen Gutpunkten in die Wertung, kann und soll völlig verzichtet werden!

Die besondere Chance des Reitsports für Behinderte liegt darin, daß er zu Pferde mit den nicht behinderten Reiterkameraden erfolgreich und chancengleich konkurrieren kann. Dazu gehört dann allerdings auch der Verzicht auf Hilfsmittel, die den anderen Konkurrenten laut Reglement nicht offenstehen; Hilfsmittel, die eine Fehlfunktion ausgleichen, sind jedoch zu erlauben – indes keine Hilfszügel, die die Einwirkung auf das Pferd verändern.

Die weitere Klassifizierung der Turniere erfolgt nach den Kategorien B und A, in den Klassen E, A, L, M und S. Alle stehen dem Behinderten, wenn er die Leistungsanforderung erfüllt, prinzipiell offen (Foto 131).

Foto 131: Freiherr von Langen, einer der erfolgreichsten Reiter trotz schwerer Kriegsverletzung; hier in der Olympia-Dressur 1928.

Für die *Leistungsabzeichen* im Reiten und Fahren (Klasse III Bronze, Klasse II Silber und Klasse I Gold) sowie den Reiterpass kann mit ärztlichem Attest von Teilprüfungen befreit werden.

G.4 »Trockenübungen«

G.4.1 Vorübungen

Für Behinderte, die den Reitsport aufnehmen wollen, empfiehlt sich allgemeine sportliche Tätigkeit als Vorübung. Diese grundsätzliche Bewegungserfahrung und körperliche Fertigkeit stellt als Selbsterfahrung eine verbesserte Ausgangslage dar, ist jedoch außer bei Blinden keine unbedingte Voraussetzung. Unmittelbar vor der Reitstunde empfehlen sich teilweise bereits angesprochene Vorübungen in der Form von Vordehnen und Lockern, Aufwärmen und Beweglichmachen. Auch Balanceübungen im Reitsitz (spreizen), z.B. auf dem großen Gymnastik-(Bobath-)Ball, auf Stühlen o.ä. sind ebenso wertvoll wie allgemeines Konditionstraining.

G.4.2 Ausgleichs- und Ergänzungssport

Trotz seiner ganzheitlichen Wirkung kann das Reiten durch andere Sportarten wirkungsvoll ergänzt werden, besonders hinsichtlich der Möglichkeiten des Organtrainings. Hier empfehlen sich: Jogging, Waldlauf, Intervalltraining. Ein ganz anderer Gesichtspunkt ist der Abbau von Verspannungen und »Muskelkater«, der sich vor allem beim Anfänger zunächst einstellt. Aus dieser Sicht besonders zu empfehlen sind: Schwimmen und Gymnastik, auch Massagen und andere Maßnahmen der Physiotherapie.

G.4.3 Circuit-Training

Vor oder nach der Reitstunde kann ein Zirkeltraining durchgeführt werde, was in der hier angegebenen Form (Abb. 21) den Vorteil hat, neben allgemeiner Trainingswirkung besonders die im Reiten benötigten Muskelgruppen und Gelenkverbände in entsprechender Weise zu arbeiten. Von rein praktischem Nutzen ist, daß es in der Reithalle und in Reitklei-

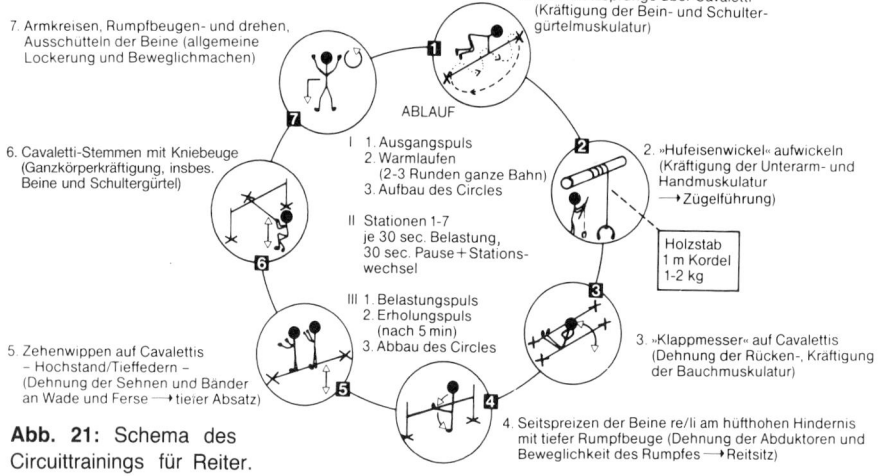

7. Armkreisen, Rumpfbeugen- und drehen, Ausschütteln der Beine (allgemeine Lockerung und Bewegllichmachen)

6. Cavaletti-Stemmen mit Kniebeuge (Ganzkörperkräftigung, insbes. Beine und Schultergürtel)

5. Zehenwippen auf Cavalettis – Hochstand/Tieffedern – (Dehnung der Sehnen und Bänder an Wade und Ferse → tiefer Absatz)

1. Hockstützsprünge über Cavaletti (Kräftigung der Bein- und Schultergürtelmuskulatur)

ABLAUF

I 1. Ausgangspuls
2. Warmlaufen (2-3 Runden ganze Bahn)
3. Aufbau des Circles

II Stationen 1-7 je 30 sec. Belastung, 30 sec. Pause + Stationswechsel

III 1. Belastungspuls
2. Erholungspuls (nach 5 min)
3. Abbau des Circles

2. »Hufeisenwickel« aufwickeln (Kräftigung der Unterarm- und Handmuskulatur → Zügelführung)

Holzstab
1 m Kordel
1-2 kg

3. »Klappmesser« auf Cavaletti (Dehnung der Rücken-, Kräftigung der Bauchmuskulatur)

4. Seitspreizen der Beine re/li am hüfthohen Hindernis mit tiefer Rumpfbeuge (Dehnung der Abduktoren und Beweglichkeit des Rumpfes → Reitsitz)

Abb. 21: Schema des Circuittrainings für Reiter.

dung durchgeführt werden kann (vgl. Foto 132 bis 143).

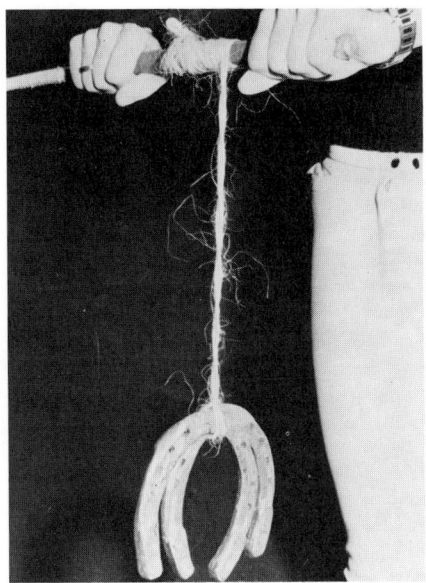

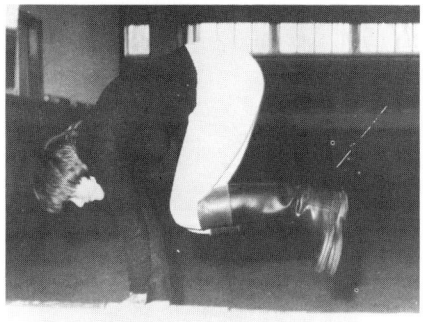

Foto 132: Station 1: Hockstützsprünge   **Foto 133:** Station 2: Hufeisenwickel

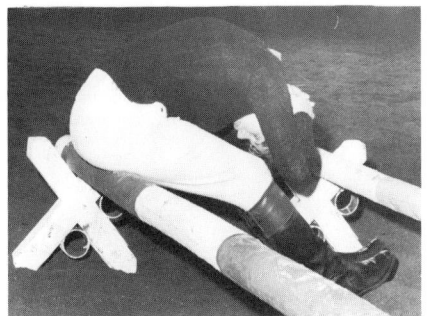
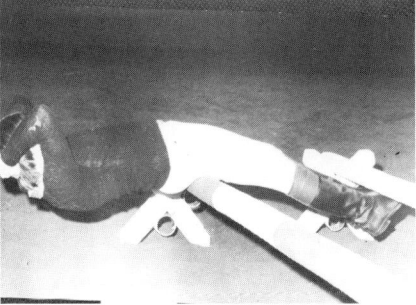

Foto 134 und 135: Station 3: Klappmesser

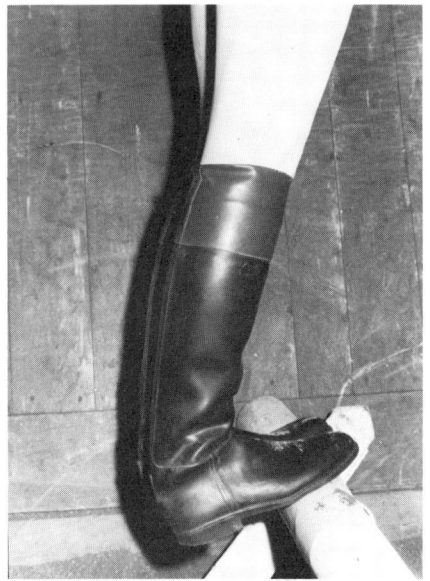

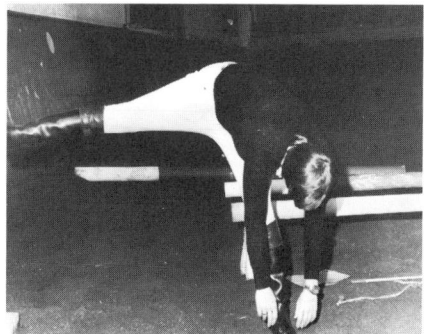

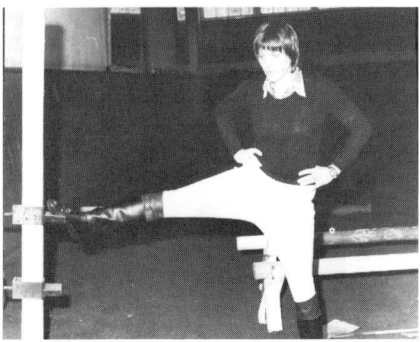

Foto 136 und 137: Station 4: Seitspreitzen

Foto 138 bis 140: Station 5: Zehenwippen

Foto 141: Station 6: Cavaleltistemmen

Foto 142 und 143: Station 7: Gymnastik

104

Stichwortverzeichnis

Anhang

Zuständige Organisationen und Institutionen

Deutsche Reiterliche Vereinigung (FN), Abtlg. Sport, Postfach 640, 4410 Warendorf 1

Kuratorium für therapeutisches Reiten (KthR), Fachbereich Sport (Arb.kreis „Reiten als Sport für Behinderte"), Bundesgeschäftsstelle, c/o FN, Postfach 640, 4410 Warendorf

Deutscher Behindertensportverband (DBS), Am Schönenkamp 110, 4000 Düsseldorf 13

Deutscher Sportbund (DSB), Otto-Fleck-Schneise 12, 6000 Frankfurt/M.

Fortbildung für Reitlehrer

In Zusammenarbeit aller genannten Organisationen wird einmal jährlich ein Fortbildungslehrgang in zwei je 1wöchigen Teilen durchgeführt für Berufsreitlehrer, Bereiter, Amateurreitlehrer und Reitwarte, mit dem Ziel, diese in die Lage zu versetzen, die klassische Reitlehre innerhalb der besonderen Belange des Reitsports mit Behinderten zu vermitteln. Die erfolgreich abgelegte Prüfung wird durch ein Zertifikat (Übungsleiter »S«-Lizenz) bestätigt. Alle zwei Jahre muß die Lizenz im Rahmen eines ca. 30stündigen Weiterbildungsseminars verlängert werden. Der Aufruf zum Lehrgang erfolgt durch Bekanntgabe in allen Fachzeitschriften und gegen Anfrage beim Fachbereich Sport im Kuratorium für therapeutisches Reiten, Bundesgeschäftsstelle c/o FN, 4410 Warendorf.

Empfehlungen des Arbeitskreises/Fachgebietes „Reiten
als Sport für Behinderte" im KthR zur

Leistungsprüfungsordnung (LPO)

1. Grundsatz

Die für das Reiten als Behindertensport maßgebliche „Wettkampfordnung" ist die Leistungsprüfungsordnung (LPO) der Deutschen Reiterlichen Vereinigung (FN). Alle Paragraphen schließen prinzipiell und ohne Einschränkung die Belange des behinderten Sportlers mit ein. Der aktive Sportler betrachtet seine Behinderung als persönliches Handicap und unterstellt sich mit/bzw. trotz diesem voll dem geltenden Reglement, ohne in irgendeiner Form Sonderregelungen oder -rechte zu beanspruchen. Leitmotiv ist die Integration mit dem nicht behinderten Sportkameraden und die über das Pferd ermöglichte chancengleiche Leistungsmessung.

2. Die Regelungen der LPO (Stand 1980)

1. Reiter: § 17-22 — Alter, Mitgliedschaft, Status (Amateur/Profi) Ausweispflicht, Leistungsklassen
§ 63 u. 65 — Teilnahmeberechtigung / -beschränkung

Kommentar:
Seitens der LPO keine Einschränkung einer Turnierteilnahme von behinderten Sportlern; es sollte lediglich darauf hingewiesen werden, daß § 65 2.3. nicht mißbräuchlich bzw. entgegen seiner eigentlichen Intention für diesen Bereich negativ ausgelegt wird. Der Sportler selbst hat sich aus diesem Grunde durch ein ärztliches Zeugnis auszuweisen.

2. Pferde: § 15, 16 — Turnierpferde
§ 64, 66 — Teilnahmeberechtigung / -beschränkung

Kommentar:
Seitens der LPO keine Einschränkung für den Reitsport Behinderter; allerdings sei der Veranstalter darauf hingewiesen, daß in jedem Fall — also auch bei Starts auf zur Verfügung gestellten Pferden — die Anzahl der erlaubten Starts auf 3 pro Pferd festgelegt ist.

3. Ausrüstung

§ 68 ff — Seitens der LPO werden geregelt
● die Zäumung und Gebisse der Pferde;
● Ausbindezügel und Martingal (diese sind in Reiterwettbewerben sowie in bestimmten Spring- und Geländeprüfungen zulässig);
● Gerte und Sporen
nicht jedoch Ausstattung der Zügel und Sättel.

Kommentar:
Im Sinne des Reglements beansprucht der behinderte Turnierreiter keine „Hilfszügel", die seine reiterliche Einwirkung auf das Pferd verändern.

Seine Behinderung kann jedoch *Hilfsmittel* erforderlich machen, die behinderungsbedingte Fehlfunktionen ausgleichen oder ersetzen — also kompensieren sollen. Dafür kann — ohne Berücksichtigung individueller Ausprägungen — die folgende *Standardausrüstung* angegeben werden:

▶ *Prinzip „Reitfaust"*
Reiten bei Behinderungen der oberen Extremitäten und Körperpartien bedeutet
a) eine Beeinträchtigung der *Greiffunktionen* — sie kann ausgeglichen werden durch *Spezialzügel* z.B.

● Schlaufenzügel
● doppelt genähte Zügel
● Leiterzügel
● verdickte Zügel
gelegentlich auch durch
● Spezialreithandschuhe

b) bei *Verkürzungen* eine veränderte Position für die Zügeleinwirkung (i.d.R. zu hoch!)
— sie kann ausgeglichen werden durch z.B.
● in der Länge verstellbare Zügel
● Martingal — wo zugelassen
● ein spezielles Vorderzeug mit Ringen, durch die der Zügel-Druckpunkt in die reguläre Position (eine Handbreit vom Widerrist entfernt) geführt wird.

108

Ggf. muß das Vorderzeug in Dressurprüfungen in Form einer Ergänzungsregelung genehmigt werden.
In Ausnahmefällen kommt auch die Zügelführung vom Steigbügel aus in Betracht.

▶ Prinzip „Reitsitz"
a) Behinderungen des Rumpfes (insbesondere Wirbelsäule und Hüfte) beeinträchtigen und verändern die Basis und Aufrichtung des Reitsitzes; sie können ausgeglichen werden durch
● Spezialsättel, ggf. mit Lammfellüberzug
● u.U. auch Western- oder andere Hirtensättel
b) Behinderungen der unteren Extremitäten bedingen Beeinträchtigungen der Schenkellage, des Knieschlusses und der Fußhaltung; sie können ausgeglichen werden durch
● Spezialsättel
● zusätzliche Polsterungen
● Spezialbügel (z.B. Bügelschuh)
▶ Bei blinden und sehbehinderten Reitern kann es notwendig sein, daß der Ausbilder oder Betreuer zunächst eine Einweisung in Reitbahn (Orientierungshilfe) geben muß;
▶ bei hörbehinderten und tauben Reitern sollte das auswendige Reiten der Aufgaben gestattet werden.

Den Reitern wird empfohlen, die Art ihrer Behinderung und die erforderlichen kompensatorischen Hilfsmittel bei der Nennung dem Veranstalter bekannt zu geben und vor der jeweiligen Prüfung mit dem zuständigen Richter Rücksprache zu nehmen.

4. Einteilung der Wettbewerbe und Leistungsprüfungen (Teil B)

Abschnitt B I
1. § 100-102 Grundwettbewerbe für Reiter und Fahrer (incl. z.B. Satteln, Pflege, Theorie usw.)
2. § 110-112 Reiterspiele (incl. z.B. Geschicklichkeitsprüfungen, freie Aufgaben)
3. § 120-122 Reiter- und Fahrerwettbewerbe (in Anlehnung an die Kl. A, Einzeln und Abteilung)
z.B. zulässig in Kat. C
Dressur- und Springprüfungen Kl. E und A, (laut Aufgabenheft bzw. in Form von Standard- und Spezialprüfungen, z.b. Stilspringen, Glückspringen usw.)

4. § 130-132 Schauwettbewerbe (z.B. Paar- und Dreierklassen usw.)

Abschnitt B II

Voltigieren
Ponywettbewerbe und -prüfungen

Abschnitt B III

Spezialprüfungen für Pferde – z.B., Material-, Reit-, Spring- und Jagdpferdeprüfung usw.

Abschnitt B IV

Dressurprüfungen

Abschnitt B V

Springprüfungen

Abschnitt B VI

Gelände- und Vielseitigkeitsprüfungen

Regelungen für Leistungsprüfungsordnungen der Kat. C, B und A usw.

Kommentar:

Geeignete Prüfungen für behinderte Reiter finden sich insbesondere im Rahmen der Kat. C. Zu diesem Zweck kann der Veranstalter bei der zuständigen Landeskommission eine Ausweitung für behinderte Reiter über die lokale Ebene hinaus gesondert beantragen.
Dabei lassen insbesondere die Formen der Grundwettbewerbe und Reiterspiele ein individuell angepaßtes, auf die besonderen Belange abgestimmtes, phantasievolles Regelwerk zu, das mit der Ausschreibung bekannt gegeben werden kann. (Z.B. spezielle Teil- und Ergänzungsprüfungen auch unabhängig vom Reiten in anderen Sportarten oder künstlerischen Bereichen; eigene Dressuraufgaben in Anlehnung an die Leistungsklassen; usw.).

Ab den Reiter- und Fahrerwettbewerben, insbesondere bei allen Prüfungen der Kat. B und A erfolgt eine enge Bindung an das Reglement.

Die Anerkennung des bestehenden Reglements und Gleichstellung des behinderten Reiters gilt auch für alle Leistungsabzeichen (Reiter-, Fahrer- und Voltigierabzeichen); allerdings sind hier teilweise Reduzierungen der

Anforderungen möglich, wenn sie durch ein ärztliches Attest begründet werden.

Auch der *Reiterpaß* ist eine für alle Behinderten geeignete Prüfung bzw. ein Dokument seines Ausbildungsstandes.

Es liegt in der Verantwortung des Ausbilders und jedes einzelnen Reiters, ein reiterliches Verhalten zu schulen und sicherzustellen, das dem geforderten Leistungsniveau entspricht und auch i.S. der STVO der Verkehrssicherheit genügt, nicht zuletzt zur bestmöglichen Ausschaltung von Unfallrisiken.

Literaturverzeichnis

Medizin:

Harbauer, H.
„Geistig Behinderte", Thieme Verlag, Stuttgart (1971)

Heipertz, W.
„Sportmedizin", Thieme Verlag, Stuttg. (1979)

Heipertz, W. u.a.
„Therapeutisches Reiten – Medizin, Pädagogik, Sport", Franckh'sche Verlagshandlung, Stuttg. (1977)

Heipertz, W.
„Was ist therapeutisches Reiten?", Zeitschrift für Allgemeinmedizin 52. Jrg. 1/76, S. 1-5

Hengst, Ch.
„Reiten für Behinderte – Ein Weg der Rehabilitation", Zeitschrift für Allgemeinmedizin, 52. Jrg., 1/76, S. 22-29

Jochheim, K. A. u.a.
„Rehabilitation", Band 1-3, Thieme Verlag, Stuttg. (1975)

Rathke, F. W. u. *Knupfer*
So helfe ich dem spastisch gelähmten Kind im Alltag", Thieme Verlag, Stuttg. (1969)

Heipertz, W. u. a.
„Reittherapie", Sonderdruck aus „Therapiewoche" 28, 1978, S. 4619-4656

Pädagogik

Bach, H.
„Geistig Behinderten-Pädagogik", C. Markhold Verlagsbuchhandlg., Berlin (1975)

Ginott, H.
„Takt und Taktik im Klassenzimmer", Verlag Pfandenhoeck u. Ruprecht, Göttingen (1972)

Kiphard, E. J.
„Bewegungs- und Koordinationsschwächen im Grundschulalter", Schriftenreihe zur Praxis der Leibeserziehung u. d. Sports, Verlag Hoffmann, Schorndorf (1970)

Kirsch, A.
„Grundriß der Leibeserziehung", Kamp-Verlag, Bochum

Klee, E.
„Behindertenreport" Band 1 und 2, Fischer Verlag, Frankfurt/M. (1974 und 1976)

Kröger, A. u. Zinke, K.
„Therapeutisches Reiten – Medizin, Pädagogik, Sport", Franck'sche Verlagshandlung, Stuttg. (1977)

Lorenzen, H.
„Lehrbuch des Versehrtensports", Enke Verlag, Stuttg. (1961)

Rieder, H.
„Sport als Therapie", Verlag Bartels u. Wernitz KG, Berlin (1971)

Roth, H.
„Pädagogische Psychologie des Lehrens und Lernens", Schrödel Verlag, Hannover (1967)

Tausch, R. u. A.-M.
„Erziehungspsychologie — psychologische Vorgänge in Erziehung und Unterricht", Verlag für Psychologie, Göttingen (1971)

sowie ausgewählte Bücher der Reihe „Sporttherapeutische Praxis"

Reitlehre

Blendinger, W.
„Psychologie und Verhaltensweisen des Pferdes", Hoffmann Verlag, Heidenheim (1974)

Bauer, J. J.
„Riding for Rehabilitation" Canadan stage and art puplikations limited, Toronto, Ontario (1972)

Bruns, U.
„Voltigieren leicht gemacht", Albert Müller Verlag, Rüschlikon-Zürich (1972)

Bruns, U. u. Hoffmann, U.
„Reiterspiele", Albert Müller Verlag, Rüschlikon-Zürich (1975)

Bürger, U.
„Vollendete Reitkunst", Verlag Paul Parey, Berlin (1966)

Dtsch. Reiterl. Vereinigung e.V. (FN)
„Ausbildungs- und Prüfungsordnung" (APO), Warendorf (1974)

Dtsch. Reiterliche Vereinigung e.V. (FN)
„Das Pferd im therapeutischen Reiten" (1978)

Dtsch. Reiterl. Vereinigung e.V. (FN)
„Freizeitreiten und Pferdehaltung", BLV-Verlagsgesellschaft, München (1975)

Dtsch. Reiterliche Vereinigung e.V. (FN)
„Leistungsprüfungsordnung" (LPO), Warendorf (1976)

Dtsch. Reiterliche Vereinigung e.V. (FN)
„Richtlinien für Reiten und Fahren", Band 1-3, Warendorf (1972)

Heipertz-Hengst, Ch.
„Therapeutisches Reiten — Medizin, Pädagogik, Sport", Franckh'sche Verlagsbuchhandlg., Stuttg. (1977)

Heipertz-Hengst, Ch.
„Reiten zur Rehabilitation Behinderter", Therapiewoche 28, S. 4646-4656, (1978)

Heipertz-Hengst, Ch.
„Circuit Training", Reiter-Revue 6/77, S. 704-706

Hölzel, W.
„Der Reiter-Paß in Frage und Antwort", Franckh'sche Verlagshandlung, Stuttg. (1979)

Hölzel, W.
„Das Reiterabzeichen", Franckh'sche Verlagshandlung, Stuttgart (1977)

Hölzel, W.
„Unterrichtslehre", Reiter-Revue 11/79, S. 1415-1417

Müseler, W.
„Reitlehre", Verlag Paul Parey, Berlin (1976)

Rieder, U.
„Voltigieren vom Anfänger zum Könner", BLV Verlag, München (1979)

Rose, N.
„Handbuch der Pferdehaltung", Franckh'sche Verlagshandlung, Stuttg. (1976)

Seunig, W.
„Von der Koppel bis zur Kapriole", Goverts-Krüger, Stahlberg Verlag, Frankfurt/M. (1973)

Schäfer, M.
„Die Sprache des Pferdes", Nymphenburger Verlagsanstalt, München (1974)

Stern, E.
„Reitunterricht mit blinden und sehbehinderten Kindern und Jugendlichen im Sportunterricht der Schule" (Behindertenreiten), in: Mitgliederinformation des Kuratoriums für therapeutisches Reiten, 5 Jhr., 2/1978

Stern, H.
„So verdient man sich die Sporen", Franckh'sche Verlagshandlg., Stuttg. (1976)

Die Sporttherapeutische Praxis

Anmerkung der Herausgeber

In der Publikationsreihe *„Sporttherapeutische Praxis"* sollen die Möglichkeiten sportlicher Aktivitäten behinderter Menschen aufgezeigt werden. Dabei will die *„Sporttherapeutische Praxis"* in erster Linie den Behinderten selbst (aber auch seine Angehörigen) ansprechen, ihm Mittel in die Hand geben und Wege weisen, wie er trotz Behinderung seine körperliche Leistungsfähigkeit wiedererlangen, den erreichten Trainingsstand erhalten und weiter ausbauen kann.

Praxisnahe Beispiele für die verschiedenen Arten der Behinderungen aus Sport und Spiel sollen bzw. wollen den Behinderten zur Eigentätigkeit anregen, ihm zum Erleben von Freude und Frohsinn durch Bewegung verhelfen und ihm damit nicht zuletzt Hilfen zur Erlangung eines neuen Selbstwertgefühls vermitteln.

„Sporttherapeutische Praxis" verzichtet deshalb bewußt auf eine theoretische Darstellung didaktischer Systeme und Konzepte, ohne jedoch die folgerichtige methodische Entwicklung der Aufgaben und Übungsbeispiele zu vernachlässigen. Zudem erhält der Leser jeweils einen Blick in die notwendigen medizinischen Grundlagen der Behinderungen und deren Auswirkungen auf die funktionellen Fähigkeiten im Sport. Damit wird die *„Sporttherapeutische Praxis"* nach und nach auch zu einem wertvollen Nachschlagwerk für den Sportlehrer und Übungsleiter im Behindertensport, das ihm zahlreiche Anregungen zur Planung und Gestaltung der Sportstunden bietet.

Je nach Möglichkeit soll bzw. wird jeder Band der *„Sporttherapeutischen Praxis"* auch Anregungen für solche Übungen enthalten, die der Behinderte alleine oder nur mit geringer Fremdhilfe zu Hause durchführen kann. Das scheint gerade für diejenigen von großer Bedeutung, die nur schwer den Weg in die Gemeinschaft finden. Damit schließt sich der Kreis von der Sporttherapie im Krankenhaus über die häusliche Umstellung hin zum Behindertensport in Gruppen.

Schließlich gibt die *„Sporttherapeutische Praxis"* Trainingshinweise zur Erlangung sportlicher Leistungen, die auf der Basis der für Behinderte geltenden Bestimmungen und Regeln zum Erwerb des Deutschen Sportabzeichens bzw. zur Teilnahme an Sportwettkämpfen führen können.

Hans Knöller
Dr. Horst Kosel
Dr. Friedrich-Wilhelm Meinecke